222 Tipps für einen schönen Tag auf
Fehmarn, in Heiligenhafen,
der Hohwachter Bucht und der
Holsteinischen Schweiz

222 Tipps für einen schönen Tag auf Fehmarn, in Heiligenhafen, der Hohwachter Bucht und der Holsteinischen Schweiz

Hans-Dieter Reinke
Daniel Hugenbusch

Ellert & Richter Verlag

Inhalt

Vorwort

Schleswig-Holstein ist unbestritten eine der beliebtesten Ferienregionen in Deutschland. Wer zum Feiern herkommt, fährt durch bis nach Sylt oder bleibt bereits vorher in Hamburg. Wer erpicht ist auf Kunst und Kultur, wird die Landeshauptstadt Kiel aufsuchen, und wer sich nach Ruhe und Natureindrücken sehnt, hat vielleicht eine der nordfriesischen Halligen zum Ziel. Warum also sollte man für einen Ausflug oder den Urlaub nach Südosten abbiegen und die holsteinische Schweiz oder die Sonneninsel Fehmarn ansteuern? Aus einem einfachen Grund: Hier findet man von allem ein bisschen.
Fehmarns unzählige Strandbars machen die Nacht zum Tag. Wegen der Höhe der Preise müssen sie sich nicht vor den weltberühmten Sylter Pendants verstecken, sie sind günstiger. Museen, Ausstellungen und Ateliers für alle erdenklichen Interessensrichtungen finden sich verstreut in der gesamten Region und selbst in der Hochsaison ist es ein Leichtes, einsame Strände, ruhige Seen und stille Wälder für sich zu haben.

222 Tipps für diese unbeschreiblich viel- und abwechslungsreiche Landschaft aus Küste und Hügeln, Wäldern und Feldern, kleinen Dörfern und Städten zusammenzutragen war also eher eine Frage des Aussuchens und Streichens. Der kleine Imbiss schafft es aber genauso in die Auswahl wie das rustikale Hofcafé oder das mit Auszeichnungen geschmückte Sternerestaurant. Die landesweit legendäre Schifffahrt oder aber die individuelle Bootstour auf eigene Faust sind ebenso dabei, wie die Millionen kostende Ausstellung oder das winzige, ehrenamtlich geführte Museum. Und manchmal reicht schon ein interessanter Ort zum Verweilen oder ein toller Ausblick für die Nominierung. Einziger Maßstab für uns: Es muss ein Erlebnis sein, an das man sich auch später noch gerne zurückerinnert.
Selbst ausgewiesene Kenner der Region werden noch Neues, Unbekanntes, Interessantes, aber auch Merkwürdiges entdecken – versprochen!
Und wer wirklich der Meinung ist, schon alles gesehen zu haben, kann über die Grenzen der Holsteinischen Schweiz und Fehmarns aufbrechen und der altehrwürdigen Hansestadt Lübeck, der Landeshauptstadt Kiel oder gar der dänischen Nachbarinsel Lolland einen Besuch abstatten.
Viele schöne Tage und genießen Sie Ihre Zeit in einer manchmal unterschätzten Region Schleswig-Holsteins!

Daniel Hugenbusch und
Hans-Dieter Reinke

Fehmarn

1 **Entdecken**
Fehmarn

Fehmarns wilder Nordwesten

Fehmarns äußerster Nordwestzipfel lädt dazu ein, die raue Küstenlandschaft bei einer etwa zweistündigen Wanderung zu erleben. Am Parkplatz Westermarkelsdorf startend geht es immer am Strand entlang, vorbei an dem rechter Hand gelegenen Binnensee, einem durch Nehrungshaken abgetrennten Teil der Ostsee, bis wir die weithin sichtbare Aussichtsplattform erreichen. Von ihr bietet sich ein toller Ausblick nicht nur über die Ostsee, sondern auch über das 2014 eingerichtete Naturschutzgebiet „Nördliche Seeniederung", welches nicht nur die beiden Binnenseen, sondern auch die sich anschließenden Küstenbereiche umfasst. Vor allem die gefiederten Bewohner des Naturschutzgebietes lassen sich hervorragend von der Plattform aus beobachten. Wer ein Fernglas dabei hat, was sehr empfehlenswert ist, erspäht mit etwas Glück Kormorane, Kiebitze, Seeschwalben, Rohrweihe oder Säbelschnäbler. Wer ohne Fernsicht unterwegs ist, kann sich auf die Suche nach Kreuz- und Wechselkröte oder Kammmolch machen, die hier in erfreulich großer Zahl ideale Lebensbedingungen vorfinden. Darüber hinaus erlebt man hier die vermutlich schönsten Sonnenuntergänge der Insel. Wir setzen unsere Wanderung entlang der Küstenlinie fort, durchqueren den Campingplatz und folgen anschließend dem Deich in Richtung Südwesten, wo sich abermals ein herrlicher Ausblick über die Seeniederung bietet. Vorbei an dem 1881 errichteten Leuchtturm Westermarkelsdorf kommen wir schließlich zurück zum Ausgangspunkt unserer Wanderung.

Wanderung Nordwest-Fehmarn
Parkplatz Westermarkelsdorf
23769 Fehmarn OT Westermarkelsdorf
Weitere Infos unter www.fehmarn.de

2 Entdecken Fehmarn

Vogel- und Naturparadies in Fehmarns Westen

Bis in das 16 Jahrhundert hinein diente die unwirtliche Westküste Fehmarns Piraten als Unterschlupf. Ein Überbleibsel aus dieser Epoche ist der Name des kleinen, verschlafenen Ortes Püttsee, was sich aus dem slawischen Begriff für Unterschlupf ableitet. In einem Jahrzehnte währenden Kampf mit Sturmfluten wurde dieses Gebiet zwischen Bojendorf und Flügge, das teilweise unter dem Meeresspiegel liegt, Ende des 19. Jahrhunderts mit Hilfe von Deichen der Ostsee abgerungen. Doch sämtliche Versuche das Gelände landwirtschaftlich zu nutzen scheiterten, und auch die Fischzucht in den anschließend ausgehobenen Seen war auf Dauer nicht wirtschaftlich. Glücklicherweise – denn auf der vor allem landwirtschaftlich genutzten Insel konnte der NABU ab 1975 in der ehemaligen Fischzucht ein landschaftliches Paradies bewahren und eine naturkundliche Ausstellung einrichten. Besonders für Zugvögel, die entweder von oder auf dem Weg nach Skandinavien oder in die baltischen Länder sind, wird das etwa 300 Hektar große Areal zum Rasten genutzt. Dazu gesellen sich tausende Vögel, denen die Wallnauer Seen als Brutgebiet dienen, sodass sich hier jährlich bis zu 250 unterschiedliche Vogelarten einfinden. Somit bieten sich ornithologisch Interessierten hier ideale Bedingungen zur Vogelbeobachtung. In Hütten, sogenannte Hides, entlang der Seen kann man Fernglas oder Kamera zücken, ohne die wachsamen Vögel sofort zu verschrecken. Ein grandioser Blick über das gesamte Areal und die umliegende Küstenlandschaft bietet sich von dem

großen Aussichtsturm. Über die Tier- und Pflanzenwelt Fehmarns informieren verschiedene Stationen entlang des Rundweges, wo sich auch Spielmöglichkeiten und Mitmachaktionen für die jüngeren Besucher bieten.

NABU Wasservogelreservat Wallnau
Informationszentrum
Wallnau 4
23769 Fehmarn OT Wallnau
T. 04372 10 02
www.nabu-wallnau.de
tgl. 10–17 Uhr
Winterpause von November bis Ende Februar

Pilgerstätte für Rock-Fans aus aller Welt

Eine unscheinbare, spärlich bewachsene Wiese am Nordende des Flügger Campingplatzes hat Geschichte geschrieben. Hier, direkt am Westufer Fehmarns, gab Rock-Legende Jimi Hendrix seinen letzten großen Auftritt, bevor er nur wenige Tage später in London an einer Überdosis Schlaftabletten starb. Das damalige „Love-and-Peace-Festival" – ein organisatorisches Desaster – mit etwa 25.000 Besuchern, durfte ab 1995 als Revival-Festival erneut aufleben, bevor es einige Jahre später wegen Naturschutzbedenken untersagt wurde.

Heute erinnert ein tonnenschwerer Gedenkstein, wenige Schritte vom Bühnenstandort seines letzten Konzertes entfernt, an den Virtuosen aus Seattle. Hendrix' legendäre Stratocaster E-Gitarre ist in den Findling eingraviert. Hier vorbeizuschauen ist für echte Rock-Fans ein Muss, alle anderen verknüpfen den Besuch mit einem Abstecher zum schönen und – fehmarnuntypisch – zumeist nur schwach frequentierten Strandabschnitt.

Jimi Hendrix Gedenkstein
Flügger Strand
23769 Fehmarn OT Flügge

Der beste Ausblick der Insel
Der am äußersten Südwestende der Insel thronende Flügger Leuchtturm wurde 1915 in Betrieb genommen und ersetzte den kleineren Vorgängerbau, der bereits seit 1872 als Seezeichen diente. Auch wenn der vor einigen Jahren aufwendig restaurierte Backsteinturm als höchster Leuchtturm der Insel natürlich zuvorderst seiner Funktion als Seezeichen dient und Schiffen den Weg durch den Fehmarnsund weist, so freut sich der Inselbesucher aus einem anderen Grund über die Höhe. Denn der Flügger Leuchtturm ist der einzige der fünf Türme auf

der Insel, der in den Sommermonaten zur Besichtigung einlädt. Nach 162 Stufen eröffnet sich dem Besucher von der Balustrade aus ein grandioser Ausblick. Richtung Süden blickt man auf das nahegelegene Naturschutzgebiet Krummsteert, einen Nehrungshaken, der weit in die Orther Bucht hineinragt und jährlich um etwa 20 Meter länger wird. Das nicht zugängliche Areal ist mit großen Flachwasserbereichen, kleinen Strandseen, schilfbewachsenen Ufern und Salzwiesen ein wichtiges Brut- und Rastgebiet für unzählige Vogelarten, wie beispielsweise Teichrohrsänger, Rohrdommel oder Rothalstaucher. Aber auch nordische Zugvögel wie Alpenstrandläufer oder Grünschenkel sind im Herbst oder Frühjahr anzutreffen.
In die Ferne schweift der Blick bis zum Festland nach Heiligenhafen oder über die gesamte Sonneninsel, wie Fehmarn auch häufig genannt wird. Diesen Ausblick muss man sich aber nicht nur durch Erklimmen der Aussichtsplattform, sondern auch durch einen kurzen Fußmarsch oder eine Radtour verdienen. Das Auto gilt es nämlich etwa 1,5 km nördlich (gebührenpflichtig) zu parken. Empfehlenswert ist es die Strecke statt am Hauptweg am Strand entlang zurückzulegen. Stärken kann man sich anschließend in dem kleinen Café am Leuchtturm.

Ein Geheimtipp ist die direkt am Fuße des Leuchtturms eingerichtete kleine Ferienwohnung. Sobald die Tagesbesucher weg sind, kann man hier sicherlich herrliche Ruhe genießen.

Flügger Leuchtturm
Tel. 04372 20 64 56
www.leuchtturm-fluegge.de

5 **Genießen**
Fehmarn

Kaffee und Kuchen am Hafen von Orth

Im Café „Die Villa“ wird man auf zweierlei Arten verwöhnt. Zum Einen natürlich durch die köstlichen Kaffeespezialitäten aus der Siebträgermaschine, die künstlerisch zubereitet werden, die leckeren, überwiegend hausgemachten Kuchen und Torten, die noch durch vegane und glutenfreie Angebote ergänzt werden. Zum besonderen Erlebnis wird der Besuch aber durch die tolle Lage direkt am Orther Hafenbecken. So kann man direkt vor dem Café im Schatten der Walnussbäume Kaffee und Kuchen genießen und dabei dem geschäftigen Treiben im Hafen und den vorbeifahrenden Schiffen und Booten zusehen. Und mit etwas Glück lässt sich von hier aus auch einer der legendären Fehmarner Sonnenuntergänge beobachten.

Café Die Villa
Am Hafen 4
23769 Fehmarn OT Orth
April bis Oktober

Genießen
Fehmarn

Genuss am Surfspot

Direkt am Deich zwischen Lemkenhafen und Orth, wo man in der einen Richtung nur auf Äcker und Wiesen und in der anderen Richtung bei Wind nur auf Surfkites blickt, lässt sich vortrefflich eine Rast bei einer Wanderung oder Radtour an Fehmarns Südküste einlegen. Elli's Snackeria überrascht im sprichwörtlichen Nirgendwo mit entspannter Atmosphäre und leckeren Snacks oder kleinen Gerichten. Bei einem warmen Flammkuchen oder knackigen Salaten kann man hervorragend die herrliche Ruhe und wunderschöne Kulisse genießen, am besten im Liegestuhl auf der großen Wiese. Besonderer Wert wird auf frische, naturbelassene Zutaten gelegt, die in Handarbeit nach eigenen Rezepten zu leckeren Gerichten bereitet werden.

Elli's Snackeria
Gollendorf 90
23769 Fehmarn OT Gollendorf
T. 04372 80 60 555
www.ellissnackeria.de
In der Saison tgl. 12–18 Uhr

7 Entdecken
Fehmarn

Fehmarns höchste Landmarke

Die St.-Johannis-Kirche in Petersdorf ist mit ihrem über 60 Meter hohen Turm bis heute eine wichtige Landmarke und dient Schiffen auf der Ostsee zur Orientierung. Im frühen 13. Jahrhundert als spätromanische Kirche errichtet und um 1300 sowie erneut 1567 und 1856 teilweise im gotischen Stil erweitert und saniert, erwarten den Kenner im Inneren unzählige Epitaphien, ein eindrucksvoller Sakramentsturm und ein gotländischer Taufstein. Auf einer kleinen Anhöhe stehend, ist die Kirche von 64 kreisförmig angepflanzten Linden umgeben, als Erinnerung an den Deutsch-Dänischen Krieg von 1864.

St.-Johannis-Kirche
An der Kirche 4
23769 Petersdorf
T. 04372 209
www.kirche-fehmarn.de

Genießen
Fehmarn

Fehmarns Fischparadies

Wie es sich für eine Insel inmitten der Ostsee gehört, hat Fehmarn eine lange Fischereitradition und auch heute noch steht Fisch bei Einheimischen und Besuchern häufig ganz weit oben auf der Speisekarte. Erste Adresse für Fischfreunde und mittlerweile fast schon legendär ist die Aalkate in Lemkenhafen. In dem gemütlichen, rustikal eingerichteten Restaurant herrscht Bistrocharakter, die Bestellung gibt man am Tresen auf, wo man anschließend auch die Gerichte abholt. Die Karte dominieren Räucherfischspezialitäten (aus eigener Räucherhütte!) wie Lachs, Ostsee-Aal, Butt, Makrele oder Forelle in allen erdenklichen Zubereitungsformen, ergänzt durch eine große Auswahl an Beilagen. Und natürlich darf auch die norddeutsche Spezialität schlechthin, der Matjes in seinen unzähligen Varianten, nicht fehlen – ein Muss für jeden fischliebenden Inselbesucher. Besonders empfehlenswert sind auch die unterschiedlichen, liebevoll belegten Fischbrötchen. Aber auch Besucher, die dem frischen Fang eher abgeneigt sind, finden ausreichend Alternativgerichte.
Die überwiegende Anzahl der Sitzplätze befindet sich im direkt an die Bucht angrenzenden Garten mit Steg, von dem aus man nicht nur einen herrlichen Blick bis zur Fehmarnsundbrücke in der Ferne hat, sondern abends den Sonnenuntergang genießen kann.

Aalkate Fehmarn
Königstrasse 20–22
23769 Fehmarn OT Lemkenhafen
T. 04372 532
www.aalkate-original.de
tgl. 10–21 Uhr
(in der Nebensaison geändert)

Fehmarns Feldsofas

Die Beine schwer, die Augen tränen vom Gegenwind – eine Radtour oder Wanderung auf Fehmarn kann zuweilen recht herausfordernd sein. Eine gute Gelegenheit die langersehnte Pause einzulegen bietet sich bei einem der Fehmarner Feldsofas. Mit einer gewöhnlichen Sitzbank, wie man sie etwa aus Parks kennt, hat ein Feldsofa nur optisch eine rudimentäre Ähnlichkeit. Hier kann man sich entspannt zurücklehnen und nicht nur sprichwörtlich die Füße hochlegen. Insgesamt sind über ganz Fehmarn neun dieser Sitz- und Entspannungsmöglichkeiten verteilt, die sich alle in Form und Größe unterscheiden. Das XXL-Feldsofa am nördlichen Ortsrand von Lemkenhafen zum Beispiel bietet Platz für gut und gerne zehn Personen, die anschließend einen tollen Ausblick auf die Orther Reede und den Kitesurfspot haben.

Feldsofas

Weitere Infos und eine Karte mit allen Feldsofastandorten unter www.fehmarn-wege.de

10 Entdecken
Fehmarn

Von Windmühlen und Landwirtschaft

Schleswig-Holsteins älteste, komplett erhaltene und zudem noch funktionstüchtige Windmühle steht auf Fehmarn, genauer gesagt in Lemkenhafen. Die 1787 am nördlichen Ortsrand von Lemkenhafen errichtete Galerieholländermühle vermahlte Gerste und Weizen von den ertragreichen Äckern der Insel zu Graupen, die in die skandinavischen Länder exportiert wurden und dem Ort zu einem gewissen Wohlstand verhalfen. Der Betrieb in der Mühle wurde schließlich 1954 eingestellt und diese sieben Jahre später zu einem Mühlen- und Landwirtschaftsmuseum ausgebaut. Die ehemaligen Mühlenspeicher sind mittlerweile ebenfalls in das Museum einbezogen, sodass den Besucher eine umfangreiche Ausstellung erwartet. Das Museum fasziniert vor allem durch die große Anzahl an Originalexponaten und die gut erhaltene und umfassend restaurierte Mechanik der Mühle. Die Fehmarnsche Kultur und der harte Arbeitsalltag der Landwirte werden ebenfalls erlebbar gemacht. Und ein besonderes Highlight ist natürlich der Ausblick von der Galerie der Windmühle.

Mühlenmuseum Lemkenhafen
Mühlenweg 45
23769 Fehmarn OT Lemkenhafen
T. 04372 18 94
www.museum-fehmarn.de
tgl. 10–16.30 Uhr
Mittwochs geschlossen

11 Genießen
Fehmarn

Gehobene Küche in exklusivem Ambiente

In dem beschaulichen Örtchen Neujellingsdorf, neben Bauernhof und Gärtnerei, würde man wohl kaum ein vom Michelin Guide ausgezeichnetes Restaurant erwarten, das dazu noch klassische Norddeutsche Küche mit asiatischen Einflüssen kombiniert. Doch genau das erwartet den Besucher im Landhausrestaurant Margaretenhof. Zur Vorspeise werden in dem stilvoll, teilweise rustikal eingerichteten Restaurant frisch gerollte California Sushi-Rolls mit Lachs, Spargel, Papaya oder Tofu gereicht. Für den Hauptgang halten sich die Fisch- und Fleischgerichte in etwa die Waage, wobei der dezente asiatische Einfluss durch Limetten-Sesamdressing, Hokkaido-Thaicurry, oder Brokkoli in Teriyakisauce den Gerichten eine interessante, experimentelle Note verleiht – ein Experiment auf das man sich auf jeden Fall einlassen sollte. Den Abschluss bildet dann ein süßes Cheesecake-Creme Brulée oder Zwetschgen Crumble.

Landhausrestaurant Margaretenhof
Dorfstraße 7
23769 Fehmarn OT
Neujellingsdorf
T. 04371 87 67 0
www.restaurant-
margaretenhof.com
Mai bis Oktober Mi–Sa
17.30–22 Uhr,
So 13-16.30/ab 17.30 Uhr
(Nebensaison reduzierte Öffnungszeiten)

12 Erleben
Fehmarn

Die Insel von oben

Ein Wohnwagen, eine kurz gemähte Wiese als Startbahn und eine Cessna – viel mehr gibt es nicht auf Deutschlands kleinstem Flugplatz, ganz offiziell ist es auch nur ein Sonderlandeplatz – genug aber um Fehmarn aus einer neuen Perspektive kennenzulernen. Klaus Skerra, Pilot seit 1969, und sein Sohn Frank, ebenfalls Pilot, kennen die Insel wie ihre Westentasche. Wer schon immer mal das Vogelschutzgebiet Wallnau oder die Stadt Burg von oben sehen wollte, bekommt hier die Gelegenheit, denn die Piloten gehen soweit als möglich auf Routenwünsche ein. Aber auch wer die Streckenwahl den Fachleuten überlässt, wird keineswegs enttäuscht sein – im Gegenteil, selbst wer meint Fehmarn gut zu kennen, kann garantiert viel Neues entdecken. Kurzweilig wird der Ausflug mit knapp 200 Kilometern pro Stunde aber nicht nur durch den überwältigenden Ausblick, sondern auch durch die flotten Sprüche von Klaus Skerra oder seinem Sohn, die Infos und Anekdoten zu wirklich allem, was unter dem

Flugzeug vorbeirauscht, zum Besten geben können. Ein Rundflug über Fehmarn wird somit zu einem garantiert unvergesslichen Erlebnis.

Sonderlandeplatz Neujellingsdorf
23769 Fehmarn OT Neujellingsdorf
T. 0171 99 10 931
www.fehmarn-air.de
In den Sommermonaten ab 15 Uhr geöffnet.
Buchung erforderlich

13 Genießen
Fehmarn

Kaffee und mehr

Mitten auf Fehmarn, im bestenfalls eine Handvoll Häuser umfassenden Altjellingsdorf, findet man sie: Die Ruhe, die es sonst auf Fehmarn nur in den Wintermonaten noch gibt. Fernab des strändischen Trubels genießt man im Flora-Café die Abgeschiedenheit auf der Sonnenterrasse, am besten mit einem Kaffee und nach alten Familienrezepten selbstgebackenen Kuchen und Torten. Bei den Zutaten wird Wert auf die Regionalität gelegt, die Früchte für die sehr empfehlenswerten, hausgemachten Marmeladen stammen ausnahmslos aus dem nahegelegenen Garten. Auch Allergiker finden hier passende Speisen, wer größeren Hunger mitgebracht hat, erhält herzhafte Wurst- und Käsespezialitäten. Ein besonderer Tipp vor allem im Sommer ist das Bauernhof-Eis aus Ahrensbök auf dem Festland. Bei schlechtem Wetter kommt man im großen Innenraum unter, der in einer charmanten Mischung aus rustikal und modern eingerichtet ist. Dort findet man auch eine Sammlung an Kleinkunst. Nützliches, Schönes und auch Merkwürdiges wartet darauf durchstöbert zu werden.

Flora Café
Altjellingsdorf 1
23769 Fehmarn
OT Altjellingsdorf
T. 04371 87 92 14
www.flora-cafe-fehmarn.de
März bis Oktober tgl. 13–18 Uhr
November bis Februar: geschlossen

14 Genießen
Fehmarn

Tortengenuss im Garten

Das Hofcafé Albertsdorf ist bereits seit einiger Zeit kein Geheimtipp mehr, und das vollkommen zu recht. Die kunstvollen Torten, leckeren Kuchen und das Gebäck werden direkt auf dem Hof mit frischen Zutaten überwiegend von der Insel zubereitet und können in dem sonnenbeschienenen Garten im Strandkorb genossen werden. Das Angebot wechselt saisonal, aber unsere Empfehlung ist ein Klassiker: der köstliche Käsekuchen.

Am Wochenende und an Feiertagen wird das Angebot durch frisch gebackene Brötchen und Brot abgerundet. Wer möchte bekommt auch ein umfangreiches Frühstück zubereitet. In der alten Scheune direkt auf dem Bauernhof kann man sich nicht nur mit den genannten Köstlichkeiten eindecken, sondern es gibt auch einen kleinen Hofladen, wo man Mitbringsel und Souvenirs erstehen kann.

Hofcafé Albertsdorf
Albertsdorf 13
23769 Fehmarn OT Albertsdorf
T. 04371 50 25 24
www.hofcafe-albertsdorf.de
Mo, Mi–Fr 11–18 Uhr
Sa, So, Feiertags 07–18 Uhr
Winterpause von November bis März

15 Genießen
Fehmarn

Sonnenuntergang mit Cocktail
In Strukkamphuk, dem südlichen Zipfel Fehmarns, westlich der Fehmarnsundbrücke, bietet sich die Gelegenheit leckere Cocktails direkt am Strand mit Blick über die Orther Reede und die Ostsee bis nach Heiligenhafen zu genießen. Entspannte Atmosphäre, herrlicher Sandstrand und eine große Auswahl an leckeren Cocktails und Alternativgetränken garantieren ein einmaliges Erlebnis. Mit etwas Glück wird am Strand noch ein Lagerfeuer entzündet und musikalisch wird dazu mit Livemusik eingeheizt. Zum Sonnenuntergang sollte man zeitig da sein, ansonsten muss man mit etwas Wartezeit rechnen, bis man den frisch geshakten Cocktail schlürfen kann.

Strandbar Strukkamp
Strukkamp 100
23769 Fehmarn OT Strukkamp
www.strandbar-strukkamp.de
In der Saison Mo–Do 16–23 Uhr, Fr–So 14–23 Uhr
In der Nebensaison wetterabhängige Öffnungszeiten

16 Entdecken
Fehmarn

Steinzeitliches Seezeichen
In einem kleinen Hain zwischen dem Campingplatz Strukkamphuk und der Surfschule Gold in Fehmarns Süden verborgen, befindet sich das am besten erhaltene Megalithgrab der Insel, der sogenannte „Alversteen“. Da auf Fehmarn stets ein notorischer Steinemangel herrschte, wurde der überwiegende Teil der beeindruckenden Relikte aus der Vorzeit als Baumaterial für Häuser oder Deiche zweckentfremdet. Das geschätzte 5500 Jahre alte Großsteingrab Albertsdorf hingegen, wie es auch häufig genannt wird, ist heute noch mit vier Tragsteinen und einem Deckstein fast voll-

ständig erhalten, was vermutlich auf die Lage, nur wenige Meter vom Strand entfernt, zurückzuführen ist. Da es von See aus sichtbar war, wurde es nämlich zu Beginn des 19. Jahrhunderts mit einem weißen Kreuz bemalt und diente den Schiffen als Orientierungspunkt bei der Fahrt durch den Fehmarnsund, bis 1896 der etwas südlich stehende Leuchtturm Strukkamphuk eingeweiht wurde. Das Kreuz ist mittlerweile verschwunden und seit 1979 steht das jungsteinzeitliche Relikt unter Denkmalschutz. Ein Besuch lässt sich gut mit einem Strandspaziergang kombinieren.

Megalithgrab Landkirchen
23769 Fehmarn OT Albertsdorf
Parkmöglichkeiten
in Gold oder Strukkamphuk

17 Genießen
Fehmarn

Rustikale Küche in klassischem Ambiente

In Landkirchen, im Herzen Fehmarns, kommen Freunde der norddeutschen Küche seit 1986 voll auf ihre Kosten. In dem rustikal eingerichteten Landgasthof Petersen finden nur frische Zutaten, bevorzugt von der Insel, den Weg in die Küche. Berühmt über die Grenzen Fehmarns hinaus ist das gemütliche Restaurant vor allem für das knusprige Schollenfilet mit Bratkartoffeln und die übrigen Fischgerichte. Aber auch wer die Inselspezialitäten aus der Ostsee verschmäht, findet auf der Speisekarte reichlich Alternativen. Ein besonderes Highlight sind außerdem die leckeren, frisch zubereiteten Desserts.

Landgasthof Petersen
Hauptstraße 43
23769 Fehmarn OT Landkirchen
T. 04371 32 62
tgl. 12–21 Uhr, Mo Ruhetag,
im Winter verkürzte
Öffnungszeiten

18 Genießen
Fehmarn

Frischer Fisch in alter Scheune

Von dem Namen sollte man sich in zweierlei Hinsicht nicht abschrecken lassen, denn die Bezeichnung „ole" aus dem Plattdeutschen steht einfach nur für alt und ist nicht im Sinne von „oll" als heruntergekommen zu verstehen. Und alt ist die umfassend restaurierte Fachwerkscheune mit Reetdach definitiv. Und andererseits gibt es hier keineswegs, wie der Name suggeriert, nur Aal zu essen, die Bezeichnung „Aalhus" stammt noch aus den Anfangsjahren des 1986 gegründeten Restaurants, als vornehmlich Räucherfisch auf die rustikalen Tische kam. Heute noch in der Hand der Gründerfamilie, wird die Speisekarte ebenfalls von Fischgerichten dominiert, aber die Zubereitung hat sich grundlegend gewandelt. Beeinflusst durch die moderne, kreative Küche, entstehen auf den Tellern wahre Kunstwerke, wobei der Fokus natürlich trotzdem auf dem Geschmack liegt. Die Frische und Regionalität der Zutaten spielt eine besondere Rolle, der Klassiker auf der Speisekarte ist die Fehmarnsche Fischpfanne, mit Dorsch, Ostsee-Lachs und Scholle mit Bratkartoffeln.

Dat ole Aalhus
Hauptstraße 39a
23769 Fehmarn OT Landkirchen
T. 04371 91 99
www.aalhus.de
Ostern bis November ab 17 Uhr,
Mo + Mi Ruhetag

19 **Entdecken**
Fehmarn

Unglück vor malerischer Küstenlandschaft

Das an der Nordküste Fehmarns 1938 ausgewiesene, 134 Hektar große Naturschutzgebiet „Grüner Brink“ umfasst mehrere Strandseen und Nehrungshaken, die sich – hervorgerufen durch menschliche Eingriffe in die Küstendynamik – entwickelt haben. 1872 wurde in Folge des Jahrhunderthochwassers mit schweren Schäden auch auf Fehmarn ein Schutzdeich entlang der Nordküste errichtet, der die Strömungsverhältnisse in der Ostsee nachhaltig beeinflusste. Dies führte zur Ablagerung von Sedimenten, so dass sich Nehrungshaken und schließlich Strandseen bildeten. Für eine Vielzahl von Vogelarten bieten sich hier ideale Lebensbedingungen. Gänse, Enten, Rothalstaucher, Möwen und Seeschwalben lassen sich beobachten, bis zu 170 unterschiedliche Arten sollen es sein. Das Naturschutzgebiet kann betreten werden, allerdings ist es dringend geboten, die vorgegebenen Wege nicht zu verlassen. 1932 wurde das idyllische Gebiet Schauplatz einer Katastrophe, als einige Meilen vor der Küste das Segelschulschiff „Niobe“, ausgelöst durch eine unter Seglern gefürchtete sogenannte Weiße Böe, kenterte. Das Ergebnis war verheerend,

69 Menschen kamen ums Leben, lediglich 40 Besatzungsmitglieder konnten gerettet werden. Heute erinnert ein Denkmal am westlichen Rand des Naturschutzgebietes an die Havarie.

Naturschutzgebiet Grüner Brink
23769 Fehmarn OT Gammendorf
Parkmöglichkeiten
am Parkplatz Grüner Brink oder am Parkplatz Niobe
Weitere Informationen unter:
www.schleswig-holstein.nabu.de

20 Genießen
Fehmarn

Entspanntes Speisen mit Ausblick

In der Beltbude an Fehmarns Nordküste wird man nicht nur durch die leckeren Snacks und Speisen satt, an der umwerfenden Aussicht kann man sich auch satt sehen. Ob Richtung Westen auf das angrenzende Naturschutzgebiet „Grüner Brink“ (S. Tipp Nr. 19), über die Ostsee bis zum in der Ferne erahnbaren, dänischen Lolland, oder Richtung Osten auf das geschäftige Treiben am Fährhafen Puttgarden, mit gelegentlich an- und ablegenden Fähren. Selten findet man einen solch abwechslungsreichen Ausblick. Dazu gibt es kleinere Gerichte, legendär sind der Belt-Burger und der Matjes, und kühle Getränke, die man entweder direkt auf der neuen, großen Terrasse – natürlich mit freiem Ausblick – oder aber am wenige Schritte entfernten Sandstrand genießen kann. Dank feinstem Sand und flachem Wasser gilt der Badestrand Grüner Brink als einer der schönsten Strände der Insel.

Beltbude
23769 Fehmarn OT Puttgarden
T. 0179 54 36 512
In der Saison tgl. 11–21 Uhr
Für Parkmöglichkeiten der Straße „Krummensieck“ nördl. von Johannisberg folgen.

21 Entdecken
Fehmarn

Rast an historischer Wallfahrtsstätte

Fehmarns ältestes erhaltenes Gotteshaus ist zwar die St.-Nikolai-Kirche in Burg, doch bereits einige Jahrzehnte vor deren Baubeginn wurde im Norden Fehmarns eine Kapelle auf Geheiß des Papstes errichtet. Direkt am Strand gelegen, sollte die Peter und Paul Kapelle den auf dem Weg nach Rom aus Skandinavien kommenden Pilgern als Dankeskapelle dienen, da sie die gefährliche Beltüberfahrt aus dem dänischen Lolland überstanden hatten. 1644 schließlich wurde die Kapelle von schwedischen Kanonenschiffen zerstört, lediglich der seitdem in der Kirche in Burg befindliche hölzerne Opferstock konnte gerettet werden. An dem vermuteten Standort der ehemaligen Kapelle wurde eine kleine Gedenkstätte mit Sitzmöglichkeiten und Unterstand mit Glocke eingerichtet. Auch heute noch führt ein Abzweig des Jakobswegs hier vorbei. Als Besucher wundert man sich über die weite Entfernung (etwa ein Kilometer) vom Strand, weil die ursprüngliche Kapelle direkt an der Ostsee gestanden haben soll. Hier wird auf faszinierende Art deutlich, wie dynamisch sich Küsten über die Jahrhunderte verändern. Für eine Rast entlang der Nordküste Fehmarns ist dieser geschichtsträchtige Ort ideal. Mehr Ruhe und Abgeschiedenheit findet man auf Fehmarn kaum.

Peter und Paul Kapelle
An der namenlosen Straße zwischen Nord-Puttgarden und Johannisberg
23769 Fehmarn OT Puttgarden
www.fehmarn.de/poi/wiki:peter-und-paul-kapelle

22 Erleben
Fehmarn

Mit dem Fahrrad von Fehmarn nach Bremen

Mit dem Ziel, die skandinavische Bevölkerung zum Christentum zu missionieren, zogen etwa ab dem 8. Jahrhundert Mönche von Bremen, der damaligen Grenze des Christentums, aus in Richtung Norden. Auf ihren Spuren kann man dem 530 Kilometer langen Radfernweg „Mönchsweg“ folgen, der von Bremen aus in einem weiten Bogen nordwestlich um Hamburg herumführt und anschließend über Plön den Endpunkt Puttgarden auf Fehmarn erreicht. Von hier aus setzten die Mönche mit dem Boot über den Fehmarnbelt nach Dänemark über. Unzählige Sehenswürdigkeiten, historische Denkmäler, Kirchen und Klöster, werden auf der Strecke, für die zehn vermutlich sehr entspannte Tagesetappen empfohlen werden, passiert.

Radfernweg Mönchsweg
Infotelefon: 0431 12 85 08 73
www.moenchsweg.de

23 **Erleben**
Fehmarn

Skandinavisches Shoppingparadies

Der Fährhafen Puttgarden sorgt entlang der Vogelfluglinie, benannt nach der hier verlaufenden Flugroute der Zugvögel von und nach Skandinavien, für die Auto- und Zugverbindung nach Dänemark. Direkt am Fährterminal gelegen, zielt der BorderShop mit seinem schier unendlichen Sortiment an Spirituosen, Süßigkeiten und Elektroartikeln vornehmlich auf Dänen ab, die angesichts der deutlich höheren Preise in ihrem Heimatland vor der Rückfahrt noch schnell den Kofferraum füllen. Ein Besuch lohnt sich trotzdem und sei es nur um die womöglich weltgrößte Ansammlung an Hochprozentigem zu bestaunen, ein spezielles Getränk zu kaufen, was es sonst nicht zu kaufen gibt, oder bei den, auch für deutsche Verhältnisse, günstigen Angeboten zuzuschlagen.

BorderShop
Zur Westmole 1a
23769 Fehmarn OT Puttgarden
T. 04371 50 54 05
www.bordershop.com
So–Mi 6–20 Uhr,
Do–Sa 6–22 Uhr

24 **Erleben**
Fehmarn

Ausflug nach Dänemark

Wer auf Fehmarn bereits alle Attraktionen kennt und sich nach Abwechslung sehnt, dem sei ein Ausflug ins benachbarte Dänemark empfohlen, den man bei einer Fährfahrtzeit von lediglich 45 Minuten von Puttgarden ins dänische Rödby auch gut als Tagesausflug durchführen kann. Mit den zweimal stündlich verkehrenden Fähren erreicht man schnell die dänische Insel Lolland, wo man beispielsweise dem Knuthenborg Safaripark einen Besuch abstatten kann. Teilweise im Auto, teilweise zu Fuß geht es durch den ausladenden Park, vorbei an lebensgroßen Dinosauriermodellen und echten Giraffen, Nashörnern, Emus und Wölfen. Mit etwas Glück läuft direkt am Auto ein Löwe vorbei. Für alle eher geschichtlich interessierten empfiehlt sich das Mittelalterzentrum Nyköbing, wo man einen lebendigen Einblick in das Dänemark des Mittelalters bekommt. Und auch für Kunstinteressierte gibt es auf Lolland einen ganz besonderen Tipp, nämlich das Fuglsang Kunstmuseum, eines der ältesten Kunstmuseen des Landes mit umfassender Sammlung dänischer Bildkunst aus den Jahren 1780 bis 1980.

Leider lohnt sich die Überfahrt nach Dänemark nur mit dem PKW oder mit dem Fahrrad. Der

Ort Rödbyhavn, wo die Fähre anlegt, hat abgesehen von einem schönen Strand keinerlei Attraktionen oder interessante Restaurants zu bieten.

Ausflug Dänemark

Fährhafen Puttgarden
Fährhafenstraße
23769 Fehmarn
T. 0381 77 88 77 66
www.scandlines.de
Öffnungszeiten Servicecenter:
Mo–Fr 8–18 Uhr;
Sa, So, feiertags 9–18 Uhr

Knuthenborg Safaripark
Maglemerporten,
Knuthenborg Allé
DK-4930 Maribo
T. +4554 78 80 89
www.knuthenborg.de
geöffnet tgl. von Frühjahr bis Herbst

Mittelalterzentrum Nyköbing
Ved Hamborgskoven 2–4
Sundby L.
DK-4800 Nyköbing
T. +4554 86 19 34
www.middelaldercentret.dk
geöffnet von Juli bis Mitte August und in den Herbstferien

Fuglsang Kunstmuseum
Nystedvej 71
DK-4891 Toreby Lolland
T. +4554 78 14 14
www.fuglsangkunstmuseum.dk
Di–Do 11–15 Uhr, Fr 11–13 Uhr, Sa+So 11–16 Uhr

25 Genießen
Fehmarn

Frischgebrautes von der Insel

Der Craft-Bier-Hype hat auch vor Fehmarn nicht halt gemacht und so hat sich in Südfehmarn in dem Ort Avendorf eine kleine Brauerei entwickelt. Angelehnt an die einer Brotkruste ähnelnden Silhouette Fehmarns trägt die Brauerei den Namen Knust. Alles andere als hart und trocken sind aber die sechs Biersorten, die hier die Sudkessel verlassen: Das feinherb prickelnde Pils, malziges Sunset Ale, an Kaffeearoma erinnerndes Brown Ale, hopfiges Pale Ale, fruchtiges Weizen und das milde Strandlager – für jeden Geschmack sollte die richtige Erfrischung dabei sein. Vor allem bei gutem Wetter lässt sich bei der Brauerei wunderbar eine Pause von der Radtour oder Wanderung einlegen und im Garten oder dem mit selbstgebauten Möbeln eingerichteten Schankraum die Produkte von Experimentierfreudigkeit und soweit möglich lokal selbst angebauten Rohstoffen genießen. Wer an dem Brauprozess interessiert ist, kann sich für eine der regelmäßig stattfindenden Brauerei-Besichtigungen oder sogar für einen Braukurs anmelden. Wer es nicht bis zur Brauerei schafft, findet die hopfigen Inselprodukte auch bei einigen ausgewählten Supermärkten und Restaurants auf der Insel und der näheren Festlandumgebung.

Knust-Braumanufaktur
Sundstraat 33
23769 Fehmarn OT Avendorf
T. 04371 86 46 05
www.knustbier.de
Öffnungszeiten: s. Website

26 Genießen Fehmarn

Köstlichkeiten aus traditionellem Backhandwerk

Mehl aus Schleswig-Holstein, belebtes Wasser und feinste Kuvertüre oder echtes Lübecker Marzipan – das sind unter anderem die Zutaten, die in der Insel-Bäckerei Börke und Sohn zu feinsten Backwaren und Torten verarbeitet werden. Künstliches kommt hier nicht in den Ofen und auf die Regionalität und Frische der Zutaten wird ein besonderes Augenmerk gelegt. Doch in der sympathischen Bäckerei, deren Anfänge fast 90 Jahre ins damalige Pommern zurückreichen, mit mittlerweile sieben Filialen auf der Insel und drei weiteren auf dem Festland, achten die Inhaber Helmut und Thomas Börke ebenfalls auf nachhaltiges Handeln. So bekommt man bei einem ausladenden Frühstück im Bistro garantiert keine Konfitüre aus der Plastikverpackung und ein Teil des benötigten Stroms wird aus Photovoltaikanlagen auf den Dächern der Filialen produziert. Das Ergebnis kann sich sehen und schmecken lassen! Herzhafte Sauerteigbrote, knackige Baguettes und kunstvolle Torten lassen den Inselaufenthalt zur Schlemmerreise werden. Ein ganz besonderer Tipp sind die handgemachten Dominosteine zur Weihnachtszeit. Wer zu Hause dann Entzugserscheinungen hat und von den garantiert handgefertigten Backwaren träumt, kann ausgewählte Produkte sogar online bestellen und sich zusenden lassen.

Bäckerei Börke & Sohn
Osterstrasse 2
23769 Fehmarn OT Burg
T. 04371 50 010
www.inselbaeckerei-boerke.de
Mo–Fr 6–18 Uhr,
Sa 6–12.30 Uhr
So 7.30–12.30 Uhr

27 Erleben
Fehmarn

Fehmarns Tropen

Exotische Falter erwartet man sicherlich nicht, wenn man auf der Insel zu Besuch ist, aber der Schmetterlingspark in Burg bietet die Gelegenheit, in eine Tropenlandschaft einzutauchen und diese faszinierenden Geschöpfe zu beobachten – natürlich nur in einem Gewächshaus. Auf 900 Quadratmetern Grundfläche, 70 bis 80 Prozent Luftfeuchtigkeit, einer Temperatur von fast 30 Grad Celsius und einer unermüdlich durch das Glasdach brennenden Sonne schwitzt man zwischen Bananen- und Feigenbäumen um die Wette. Doch das sind genau die Bedingungen, die den Faltern gefallen und so flattern unzählige der Insekten in den faszinierendsten Farben und Flügelformen umher. Bis zu 1 000 Tiere aus etwa 40 Arten lassen sich beobachten, Gesellschaft bekommen sie von Leguanen, Schildkröten, Wachteln und Karpfen. Es gibt also viel zu entdecken, vor allem für Kinder ein tolles Erlebnis. Wer vom vielen Beobachten hungrig geworden ist, kann sich in dem angeschlossenen Café stärken.

Schmetterlingspark Fehmarn GmbH
Mummendorfer Weg 11 b
23769 Fehmarn OT Burg
T. 04371 88 93 363
www.schmetterlingspark-fehmarn.de
April bis Juni tgl.
10.30– 17.30 Uhr
Juli und August
tgl. 10–18 Uhr
Oktober tgl. 10–16.30 Uhr
Winter geschlossen

28 Erleben
Fehmarn

Faszinierende Unterwasserwelten

In der Ostsee rund um Fehmarn und in den Weltmeeren kommen viele Haiarten vor, wobei eine Begegnung mit ihnen bei den meisten Menschen wohl eher Angstzustände hervorruft. Deutlich entspannter lassen sich die majestätischen Tiere hinter einer zentimeterdicken Glasscheibe beobachten. Unangefochtenes Highlight im Meereszentrum Fehmarn ist nämlich das drei Millionen Liter Wasser fassende Ozeanbecken, wo ein drei Meter langer Sandtigerhai begleitet von etwas kleineren Zitronenhaien und Schwarzspitzenriffhaien seine Bahnen zieht. Sehr interessant ist auch der 10 m lange Rochentunnel, wo der Besucher durch die gewölbte Glaskuppel beobachten kann, wie die faszinierenden Tiere über ihn hinweg schweben. Viel zu entdecken gibt es auch in den Korallenaquarien, wo sich bunte Clownfische, Riffbarsche und Falterfische zwischen farbenprächtigen Korallen tummeln. Insgesamt über 30 Schaubecken zeigen die unterschiedlichsten Bewohner der tropischen Meere.

Meereszentrum Fehmarn
Gertrudenthaler Str. 12
23769 Fehmarn OT Burg
T. 04371 44 16
www.mega-meereswelten.de
März bis Oktober tgl. 10–18 Uhr
November bis Februar
tgl. 10–16 Uhr

29 Entdecken
Fehmarn

Naturkunde und Technik erleben

Lebensgroße Dinosaurier lassen sich auf Fehmarn in der Galileo-Wissenswelt in Burg beobachten – natürlich aber nur als Modell. Das Museum ist in zwei Teilbereiche, das Technikmuseum und das Urzeitmuseum unterteilt. In Erstgenanntem steht das Ausprobieren, Tüfteln und Knobeln im Vordergrund. Bei Experimenten zu den Bereichen Mathematik, Logik, Akustik und Optik können faszinierende Phänomene ebenso wie grundlegende physikalische Gesetzmäßigkeiten erlernt und erfahren werden. Optische Täuschungen, Magnetismus, Hochspannung, Flugobjekte – die Sammlung interaktiver Exponate ist schier endlos. Auch die Sektion zum Thema Urzeit wartet mit einer Vielzahl an Mitmachstationen auf. Vor allem bei Kindern besonders beliebt ist beispielsweise das Goldsuchbecken, wo man zur Pfanne greifen und selber Gold waschen kann, oder der Erdbebensimulator. Unzählige Exponate, von lebensgroßen Dinosaurierskeletten, über eindrucksvolle Fossilien bis hin zu Steinzeitwerkzeugen, vermitteln das Wissen auf anschauliche Art und Weise. Die Galileo-Wissenswelt hat sich auf Fehmarn zu der Schlechtwetteralternative überhaupt entwickelt.

Galileo Wissenswelt
Mummendorferweg 11 b
23769 Fehmarn OT Burg
T. 04371 86 44 46
www.galileo-fehmarn.de
April bis Oktober tgl. 10–18 Uhr

30 Entdecken Fehmarn

Die Inselkirche

Die Burger St. Nikolai-Kirche ist sowohl eine der größten, als auch eine der ältesten Kirchen auf Fehmarn. Der Bau wurde vermutlich etwa Mitte des 13. Jahrhunderts begonnen und dauerte fast 300 Jahre, was dazu führte, dass sich sowohl romanische, als auch gotische und barocke Elemente wiederfinden lassen. Aber auch die Renaissance hat in Form von Zeichnungen und Wandmalereien ihre Spuren hinterlassen. Besonders überrascht der helle, freundliche Innenraum, der auch für nicht speziell kirchlich Interessierte sehenswert ist. Kenner werden sich freuen über die wieder freigelegten Renaissance-Malereien an den Kirchenpfeilern, das gotische Bronzetaufbecken oder den Altar aus dem 14. Jahrhundert.

St. Nikolai-Kirche
Breite Str. 47
23769 Fehmarn OT Burg
T. 04371 22 50
www.kirche-fehmarn.de

fehlung des Hauses. Bei gutem Wetter sollte man auf jeden Fall einen Platz auf der großen Terrasse ergattern, von dort aus lässt sich die Altstadtatmosphäre mit dem geschäftigen Treiben auf den antiken Kopfsteinpflasterstraßen besonders gut beobachten.

Landhaus Kröger
Breite Straße 10
23769 Burg auf Fehmarn
T. 04371 67 53
www.landhauskroeger.eatbu.com
tgl. 11:30–21 Uhr
Di Ruhetag

31 Genießen
Fehmarn

Einkehr in altem Gemäuer

Unterwegs in der Burger Altstadt fällt das Landhaus Kröger direkt ins Auge. Altes Fachwerkgemäuer, leicht schiefe Fenster und Außenmauern verleihen dem 1644 als Landhandelskaufhaus erbauten Gebäude eine besonders gemütliche und einladende Atmosphäre. Im Inneren setzt sich dieser Eindruck fort, passend dazu wird klassische norddeutsche Küche serviert. Die Speisekarte ist umfangreich, beginnend bei Klassikern wie Bauernfrühstück oder Schnitzel mit Bratkartoffeln, über Seelachs und Dorsch, bis hin zur großen Fischplatte für Zwei, der Emp-

32 Erleben
Fehmarn

Landwirtschaft zum selber steuern

Das Binnenland Fehmarns ist mehr als augenscheinlich geprägt von der Landwirtschaft. Wer sich also für Wiesen, Felder, Äcker und Traktoren interessiert, ist hier richtig. Goldrichtig ist man dann auch in der Farmworld in Burg, wo im Maßstab 1:32 eine komplette Landschaft nachgebildet ist und von Menschen, Tieren, Mähdreschern, Baggern und sogar Geräuschen belebt wird. Vor allem für Kinder gibt es unzählige Details zu entdecken, wobei die Spielfläche interessant ist, wo unzählige Fahrzeuge und Maschinen ferngesteuert darauf warten Felder zu ernten, Äcker zu pflügen und vieles mehr. Ein besonderes Highlight ist das Außengelände, wo für die Kinder elektrische Aufsitzfahrzeuge bereitstehen. Das zuvor gelernte kann also direkt angewandt werden.

Farmworld Fehmarn
Gertrudenthaler Str. 10
23769 Fehmarn OT Burg
T. 04371 88 97 960
www.farmworld-fehmarn.de
November bis Februar
Fr–So 11–16 Uhr
März Fr–So 10–17 Uhr
April Mi –Mo 10–17 Uhr
Mai Mi–Mo 10–18 Uhr
Juni bis Oktober tgl. 10–18 Uhr

33 Genießen
Fehmarn

Das beste Eis der Insel

Das unbestritten beste Eis Fehmarns findet man in Burg nur wenige Schritte südlich des Stadtzentrums, vorausgesetzt man mag Softeis. Bei Raddens Eis wird bereits seit 1947 in mittlerweile dritter Generation die wunderbar leichte, cremige, aufgeschäumte Eismasse frisch gezapft. Verschiedenste Sorten, von Klassikern wie Schoko und Vanille, über Waldmeister bis hin zu Exotischem wie Zimt oder Eierlikör stehen zur Auswahl. Alle paar Tage wechseln die Sorten, ein guter Grund also im Urlaub mehrfach vorbeizukommen. Die Eismenge lässt sich individuell bestimmen, zwischen 50 Cent und 7 Euro, wobei diese Portion vermutlich einer ganzen Tagesmahlzeit entspricht. Anschließend lassen sich je nach Geschmack verschiedene Streusel und Soßen zur Verfeinerung wählen. Abgerundet wird das Angebot durch leckere Milchshakes oder Softeisbecher in unterschiedlichsten Geschmacksrichtungen. Zur Saison auf jeden Fall den Erdbeer-Eisbecher probieren! Von der zuweilen recht langen Warteschlange sollte man sich nicht abschrecken lassen, das Personal ist fix und das Ergebnis eine kurze Wartezeit wert.

Raddens Eis
Süderstraße 40
23769 Fehmarn OT Burg
T. 04371 12 55
In der Saison täglich geöffnet

34 Entdecken
Fehmarn

Kirchners Kunst auf Fehmarn

Ernst Ludwig Kirchner, einer der bekanntesten Künstler des Expressionismus, verbrachte in den Jahren 1908 sowie 1912 bis 1914 die Sommer auf Fehmarn. Das Gründungsmitglied der bekannten Künstlergruppe „Brücke“ war fasziniert von der Ruhe, Wildheit und Natur vor allem der Südostküste Fehmarns und lebte am Leuchtturm Staberhuk. In dieser Zeit entstanden unzählige bedeutende Werke, die nun in den weltweit wichtigsten Museen zu bestaunen sind. Seine gesamte Arbeit wurde von den Eindrücken auf Fehmarn, seinem „irdischen Paradies“, wie er es ausdrückte, geprägt. Der „Ernst Ludwig Kirchner Verein“ Fehmarn hat es sich zur Aufgabe gemacht, eine Schaffensdokumentation des Künstlers auf Fehmarn zu erstellen. Im Obergeschoß der Stadtbücherei Burg ist eine umfassende Ausstellung mit Nachdrucken von Kirchners Werken eingerichtet. Es gibt Informationen zum Leben und Schaffen des, von den Nationalsozialisten als entartet diffamierten, Künstlers. Interessant sind außerdem die genauen Verweise zu jedem Werk, wo es auf der Insel entstanden ist.

E. L. Kirchner Dokumentation
Bahnhofstraße 47
23769 Fehmarn OT Burg
Im Obergeschoss der Burger Stadtbücherei
T. 04371 88 88 864
www.kirchnervereinfehmarn.de
Mo–Fr 9.30–12 Uhr + 14.30–18.30 Uhr

35 **Entdecken**
Fehmarn

Wissenswertes über Fehmarns Geschichte und Eigenheiten

Das Fehmarn-Museum in Burg blickt auf eine über 120-jährige Geschichte zurück. Die bereits 1897 gegründete und mittlerweile drei historische Gebäude unweit der St.-Nikolai-Kirche umfassende Ausstellung zeigt verschiedenste Themen rund um Fehmarn. Angefangen bei der Regionalgeschichte, wird der Seefahrt und der Jagd ein großer Bereich gewidmet. Eine umfassende Steinesammlung erzählt die geologische Geschichte der Insel. Begleitet von einer Vielzahl historischer Exponate lernt der Besucher viel über Handwerk und Gilden auf der Insel im Laufe der Jahrhunderte – eine tolle Schlechtwetteralternative.

Fehmarn-Museum
Breite Straße 49
23769 Fehmarn OT Burg
T. 04371 62 57
www.museum-fehmarn.de
Juni bis Oktober + Osterferien
Di–Sa 11–16 Uhr

36 Genießen Fehmarn

Eingemachtes von der Insel

Wer sich die Frische und die Aromen der Insel mit nach Hause nehmen möchte, ist bei der Küstenmanufaktur genau richtig. Ohne Zusätze und ohne Farb- und Konservierungsstoffe werden hier köstliche Gelees, Marmeladen, Fruchtaufstriche, Pestos, Suppen und Chutneys per Hand zubereitet. Das Angebot variiert nach Jahreszeit: Erdbeermarmelade findet man nur, wenn auf Fehmarn auch Erdbeersaison ist. Ergänzt wird das Angebot durch ständig wechselnde Spezialsorten. Zu Weihnachten gibt es köstliche Bratapfelfruchtaufstriche oder Punschgelees. Sehr empfehlenswert sind zum Beispiel der Feigensenf oder das Mandelpesto – ideal auch als Mitbringsel. Neben dem Verkauf direkt in der Manufaktur bekommt man die leckeren Produkte auf dem Burger Wochenmarkt, den Edeka-Märkten der Insel und einigen Hofcafés.
Und wer auf den Geschmack gekommen ist, kann bequem von zu Hause aus den Versandservice nutzen.

KüstenManufaktur
Industriestraße 16
23769 Fehmarn OT Burg
T. 04371 87 200
www.kuestenmanufaktur.de
aktuelle Verkaufsstellen und Öffnungszeiten: s. Homepage

37 Erleben Fehmarn

Mit dem Surfboard schweben lernen

Fehmarn gilt auch gerne als das Hawaii des Nordens; nicht ganz zu Unrecht, wie man angesichts der schönen Strände und sommerlichen Wasserfarben zugeben muss. Kein Wunder also, dass hier, wie beim pazifischen Vorbild, Surfsport jeder Art betrieben wird. Das sogenannte Wingsurfen mit Hydrofoil und aufblasbarem Segel ist die Wasser-Trendsportart überhaupt, wofür sich auch auf Fehmarn ideale Bedingungen bieten. In der Wingsurfschule Fehmarn hat man die Möglichkeit, den Sport auszutesten und selber in den Genuss des ÜbersWasser-Schwebens zu kommen. Egal ob blutiger Anfänger oder bereits erfahrener Wassersportler, hier findet jeder den passenden Kurs und das richtige Equipment. Einfach mal ausprobieren! Der Suchtfaktor ist riesig und das Gute ist: Überall wo man Wasser findet, kann man Wingsurfen, man ist nicht auf Nord- oder Ostsee begrenzt – es muss also kein reines Urlaubsvergnügen bleiben.

Wingsurf Fehmarn
Osterstraße 17
23769 Fehmarn OT Burg
T. 01575 66 47 246
www.wingsurf-fehmarn.de
tgl. 9–18 Uhr

38 Entdecken
Fehmarn

Buchhandlung mit Tradition

Neben ganz vielen Büchern gibt's hier auch Rum und Whisky. Die Buchhandlung nebst Druckerei und Buchbinderei wurde bereits 1888 an diesem Standort gegründet. Von 1922 bis 2005 führte die Familie Niederlechner das Haus. Danach Übernahme durch Andrea Scheel und Florian Rietzrau.

Buchhandlung Niederlechner
Am Markt 7
23769 Fehmarn
T. 04371 31 00
www.buchhandlung-niederlechner.de

39 Erleben
Fehmarn

Unterricht bei den Surflegenden

In der Windsurfszene sind die Charchulla-Zwillinge Jürgen und Manfred legendär. Sie waren es, die in den frühen 1970er Jahren das Windsurfen in Deutschland populär machten und einen wahren Hype auslösten. Die erste Windsurfschule Deutschlands auf Norderney geht ebenso auf ihr Konto wie Fehmarns erste Surfschule, die bis heute Bestand hat. Eine Station findet sich auf dem Gelände des Campingplatzes Strukkamphuk, die zweite Möglichkeit Surfen zu lernen findet man in Burgtiefe am Burger Binnensee. Das Angebot ist vielfältig und reicht von Windsurfkursen für alle Könnerstufen, über Kite- und Segel- bis hin zu SUP-Kursen. Echtes Karibikfeeling kommt an der Burgstaakener Surfschule in der gleichnamigen Bar auf, wo man neben dem Cocktailgenuß manchmal auch die Charchulla-

Brüder beim Musikmachen erleben kann. Auch heute stehen beide so oft wie möglich selber auf dem Surfboard und geben Unterricht.
Das weltweit erste und einzige Windsurfmuseum - natürlich auf Fehmarn - wurde ebenfalls von den Surftwins, wie sie häufig genannt werden, gegründet. Für das zwischenzeitlich geschlossene Museum, mit Sammlungen von mehreren hundert Windsurfexponaten, ist in naher Zukunft eine Neueröffnung in Burg auf Fehmarn geplant.

Windsurfing und mehr

Wassersport Charchulla
Am Yachthafen 2
23769 Fehmarn OT Burgtiefe
T. 04371 34 00
www.wassersport-charchulla.de
In der Saison:
tgl. 9.30 Uhr–19.30 Uhr

Windsurfing- und Segelschule Jürgen Charchulla
23769 Fehmarn OT Strukkamphuk
T. 0160 17 89 055
www.surfschule-charchulla.de
In der Saison:
tgl. 8.00 Uhr–17.00 Uhr

40 Erleben
Fehmarn

Urlaub auf dem Pferdehof

Der Küselhof, in wunderschöner Lage unweit des Burger Binnensees und dem Wulfener Hals gelegen, erwartet die Besucher mit einer hochmodernen Anlage aus zwei Bauernhäusern, zwei ausgebauten Scheunen, Reithalle und Pferdestall und zusätzlich neun kleinen und größeren Ferienhäusern. Die Ferienwohnungen und -Häuser sind mit viel Liebe fürs Detail eingerichtet und warten teilweise mit Kaminofen, Tischkicker, Sauna, Außendusche und Meerblick auf. Man muss zwar kein Pferdenarr sein, um hier den Urlaub zu verbringen, es liegt aber auf der Hand und der eine oder andere wird es möglicherweise während des Aufenthaltes. Denn die 35 Pferde und Ponys stehen exklusiv für Ausritte, Reitunterricht und Lehrgänge für die Hofgäste bereit. Für alle Könnensstufen wird der passende Unterricht angeboten und auch für das eigene, mitgebrachte Pferd stehen ausreichend Boxen zur Verfügung.

Küselhof und Reiterhof Witt
In de Löt
23769 Fehmarn OT Wulfen
T. 04371 88 92 31
www.kueselhof.de

41 **Entdecken**
Fehmarn

Langbett mit Ostseeblick

Der Wulfener Berg am Südwestufer des Burger Binnensees gelegen, interessiert die Menschen nicht erst seit der hiesige Golfplatz nebst gigantischem Campingpark hier errichtet wurde, sondern bereits vor über 5.000 Jahren. Damals wurde auf diesem Areal ein bedeutendes steinzeitliches Gräberfeld angelegt, zu dem auch mehrere sogenannte Langbetten gehörten. In den vergangenen Jahrhunderten waren Steine als Baumaterial auf Fehmarn so rar, dass die Bevölkerung teilweise mit Booten, Netzen und Tauchern auf „Steinfang" in der Ostsee gegangen ist. Somit ist es nicht verwunderlich, dass die meist tonnenschweren Findlinge der Megalithgräber nach und nach zerkleinert und verbaut wurden, zumal die Bauern es leid waren, sich die Pflüge an dem störenden Gestein stumpf zu fahren. Heute ist somit keine Spur des ehemaligen Gräberfeldes mehr auffindbar. Anhand historischer Zeichnungen wurde 2010 ein 60 Meter langes und sieben Meter breites Langbett mit insgesamt 300 Tonnen Findlingen nachgebaut. Dieses besteht aus einer in Ost-West Richtung aufgestellten Umrandung aus Findlingen, zwei Grabkammern mit großen Decksteinen und einem annähernd würfelförmigen Opferstein, bei dem es sich um das vermeintliche Original handelt. Neben dem eindrucksvollen Nachbau und einigen weiteren interessanten auf der Insel zusammengetragenen Relikten, macht auch der tolle Ausblick über den Golfplatz bis zum Burger Binnensee einen Besuch lohnenswert.

Wulfener Langbett
23769 Fehmarn
Parkmöglichkeiten südlich von Wulfen kurz vor dem Strand. Das Langbett befindet sich in nördlicher Richtung hinter dem Wäldchen.

42 Genießen
Fehmarn

Essen mit Meer- und Golfplatzblick

Auch wer selber nicht Golf spielt, sollte hier ruhig mal einkehren. In dem Restaurant am Golfpark sitzt man in dem geräumigen Clubhaus oder bei gutem Wetter natürlich auf der großen Terrasse und genießt einen hervorragenden Blick auf die Anlage. So kann man den Golfern bei der Suche nach dem perfekten Schwung auf der Driving Range oder den verbissenen Kämpfen um die letzten Schläge auf dem 18. Grün zusehen. Nachmittags bekommt man Kuchen, Torten und kleine Gerichte serviert, bevor ab etwa 17 Uhr die Küche zu Höchstform aufläuft und Speisen für alle erdenklichen Geschmäcker zubereitet werden. Der nahegelegene Wulfener Hals mit herrlichem Sandstrand lädt anschließend zu einem Spaziergang ein.

Restaurant am Golfpark Fehmarn
Wulfener-Hals-Weg 80
23769 Fehmarn OT Wulfen
T. 04371 86 28 15
www.wulfenerhals.de
ab April tgl. 12–14 Uhr + ab 17 Uhr

43 Genießen
Fehmarn

Fehmarns Eisalternative

Speiseeis erfreut sich auch auf Fehmarn, und dort natürlich bei den unzähligen Badetouristen, großer Beliebtheit. Am Südstrand, wo sich Einheimische und Gäste bevorzugt im Strandkorb niederlassen oder in die Ostsee stürzen, gibt es allerdings die Möglichkeit, eine mehr als ebenbürtige, leckere Erfrischung zu bekommen. In der bereits seit 1984 bestehenden Quarkeria gibt es, wen wundert's, Quark. Aber nicht den langweiligen Magerquark, wie man ihn aus dem Supermarkt kennt, sondern eine hausgemachte Quarkspeise, die man sich je nach Geschmack mit unterschiedlichsten Toppings verfeinern lassen kann. Das schier unübersichtliche Sortiment reicht hier von verschiedensten, überwiegend saisonalen Früchten, über Müsli und Schokolinsen, bis hin zu

Streuseln in unterschiedlichen Varianten und leckeren Soßen. Für alle, die auf den Geschmack gekommen sind, ist die Stempelkarte interessant, denn dann ist der zwölfte Quark umsonst. Das sollte in einem Fehmarnurlaub doch möglich sein, zumal Quark weniger Fett und Zucker enthält als gewöhnliches Speiseeis.

Quarkeria
Südstrandpromenade 4
23769 Fehmarn OT Burgtiefe
www.quarkeria.de
April bis Oktober
In den Sommermonaten zusätzlich ein Standort vor dem Strandhotel Bene, Am Südstrand 17

44 Erleben
Fehmarn

Den höchsten Punkt der Insel erklimmen

Mit einer Höhe von 29 Metern über dem Meeresspiegel ist der Hinrichsberg im Südosten Fehmarns die höchste Erhebung der Insel und bietet einen schönen Ausblick auf die Ostsee. Deutlich höher hinaus geht es allerdings beim Silo Climbing am Burgstaakener Hafen, nämlich auf maximal 40 schwindelerregende Meter. Somit bietet sich auf Fehmarn die Gelegenheit, die höchste Toprope gesicherte Route in ganz Europa zu klettern. Toprope bedeutet dabei, dass man als Kletterer jederzeit durch ein Seil gesichert ist, aber auch, dass man einen Sicherungspartner mitbringen muss. Wer alleine oder Anfänger ist, kann einen Kurs besuchen, lernt so die Grundlagen des Kletterns und kann anschließend den sagenhaften Ausblick über den Hafen und die Ostsee genießen. Sämtliche benötigte Ausrüstung kann man leihen; einzige Voraussetzung ist eine Körpergröße von mindestens einem Meter. Somit können sich auch Kinder an den Routen mit unterschiedlichen Schwierigkeitsstufen versuchen. Und wer zwischendurch eine Kletterpause benötigt, kann im Climber Café bei Kaffee und Kuchen die übrigen Gipfelstürmer beobachten.

Bio- und Erlebnisgärtnerei Rohde
Silo Climbing Fehmarn
Burgstaaken 50
23769 Fehmarn OT Burgstaaken
T. 04371 50 31 02
www.siloclimbing.com
Mai und Juni tgl. 9.30–14.30 Uhr
Juli und August
tgl. 9.30–18 Uhr
An Feiertagswochenenden und Brückentagen länger geöffnet
September bis April: Winterpause
November bis März
Sa + So 10–16 Uhr

45 **Entdecken**
Fehmarn

Fehmarns Burg

Zugegeben, wer die herrschaftlichen und teilweise rundum sanierten Burgen aus Deutschlands Süden kennt, mag vielleicht etwas enttäuscht sein beim Anblick der Burg Glambeck in Burgtiefe. Jedoch war die Burg jahrhundertelang zentraler Schauplatz wichtiger, zumeist blutiger, Geschehnisse auf der Insel. Sie ist eine der wenigen noch zumindest erkennbaren mittelalterlichen Burgen in Schleswig-Holstein. Erbaut 1210 aus Back- und Feldsteinen vom damaligen Dänenkönig, wechselte die Burg im Jahrhunderte andauernden Zwist zwischen den Dänen und den Holsteiner Grafen unzählige Male den Besitzer. Es wurde erobert, enthauptet und gehängt, vor allem die Inselbevölkerung hatte darunter zu leiden, dass Fehmarn zur damaligen Zeit von immenser strategischer Bedeutung war. 1628 wurde die Burg in den Wirren des 30-jährigen Krieges schließlich zerstört, teilweise geschliffen und im Laufe der Jahre von Flugsand überdeckt. Das Jahrhunderthochwasser der Ostsee 1872 spülte den Sand ab und ließ die in Vergessenheit geratene Ruine zum Vorschein kommen. Die schließlich 1908 komplett freigelegte Ruine umfasst heute noch einen rechteckigen Burggraben, die dahinterliegende Burgmauer, die Fundamente zweier Türme und die Reste eines Brunnens. Ein verstärktes Interesse, die

Burgruine zu erhalten oder zugänglich zu machen (der Zugang ist mit einem Zaun versperrt), scheint auf der Insel nicht zu bestehen. Inmitten der baulich mehr als fragwürdigen Landschaft aus endlosen Parkplätzen und Betonhochhäusern ist die Ruine aber ein spannendes Zeugnis der wechselvollen Inselgeschichte und zwischen Strandbesuch und Eis essen einen Besuch wert.

Burgruine Glambeck
Südstrandpromenade 1011
(direkt hinter der Touristinformation)
23769 Fehmarn OT Burgtiefe
Weitere Infos unter
www.fehmarn-travel.de

46 **Entdecken**
Fehmarn

U-Boot Enge zum Anfassen

Wer sich schon immer gefragt hat, ob eine Fahrt in einem U-Boot so beklemmend ist, wie man es sich vorstellt, dem bietet sich in Burgstaaken die Gelegenheit dies herauszufinden. Das im April 1966 in Kiel erbaute U11 wurde 2005 mit Hilfe zweier Kräne, die mit den über 500 Tonnen Gewicht sicherlich ordentlich zu kämpfen hatten, im Burgstaakener Hafen auf dem Pier aufgebockt. Seitdem kann das über 40 Meter lange Unterseebot besichtigt werden und der Besucher kann sich ein Bild davon machen, in welcher Enge die Besatzung damals – und auch auf den heutigen U-Booten – gearbeitet hat. Kommandozentrale, Motorenraum, Torpedoraum und

Kajüte, sämtliche Bereiche können besichtigt werden und man staunt über die unzähligen Schalter, Hebel und Rädchen. Ergänzt wird der eindrucksvolle Gang durch das U-Boot mit einem benachbarten Ausstellungsraum, der Informationen und Exponate zu U-Booten im Allgemeinen und der deutschen Flotte in der Nachkriegszeit bereithält.

U-Boot-Museum Fehmarn
Burgstaaken 89
23769 Fehmarn OT Burgstaaken
T. 04371 88 91 055
www.ostsee-u-boot.de
März bis Oktober tgl. 10–18 Uhr
November und Februar Sa. + So. 10–16 Uhr
Dezember und Januar: geschlossen, in den Weihnachtsferien tgl. 10–16 Uhr

47 Erleben
Fehmarn

Mit dem Fischkutter auf Forschungsfahrt

Die Tiere, die heute dem Fischkutter „Tümmler" vor dem Burgstaakener Yachthafen und auf der Ostsee ins Netz gehen, haben nochmal Glück gehabt. Denn anders als sonst landen sie nicht im Kochtopf, sondern nur zur Begutachtung in einer großen Wanne. Scholle, Strandkrabbe, Ostseegarnelen und einige Muscheln gehen fast immer ins Netz und können anschließend in Augenschein genommen werden. Die Besatzung versorgt die Landratten mit allen nötigen Informationen zum Fang. Anschließend kommen die Tiere zurück in die Ostsee, die Scholle ist als erstes dran, bevor ihr die Luft ausgeht. Die Bewohner der Ostsee hautnah zu erleben, ist keineswegs nur für Kinder ein tolles Erlebnis. Auch der 240 PS starke Kutter aus dem Jahr 1983 ist sehenswert, sodass die etwa einstündige Fahrt allzu schnell vorbei ist. Neben den Schaufischtouren kann der „Tümmler" auch für Hochzeiten und Seebestattungen gebucht werden. An manchen Tagen endet der Fang für die größeren Fische nicht so glimpflich, denn dann kann man frischen Fisch direkt vom Kutter im Burgstaakener Hafen kaufen.

Inselfischer Frederik Otten
Hafen Burgstaaken
23769 Fehmarn OT Burgstaaken
T. 0151 58 51 99 04
(Reservierungen per SMS)
www.inselfischer-fehmarn.de
Mo–Sa 11 Uhr, 12.30 Uhr, 14 Uhr, 15.30 Uhr
In der Hauptsaison auch:
Di + Do 17 Uhr

48 Erleben
Fehmarn

Blind für eine Stunde

Man kann sich schwer vorstellen, wie es wirklich ist, als Blinder den Lebensalltag zu gestalten. Im wahrsten Sinne des Wortes erleben und erfühlen lässt sich das im Museum am Hafen Burgstaaken. Mit Augenbinde und Blindenstock ausgerüstet wird in verschiedenen Stationen unser Orientierungssinn, Gehör, Fühlen und Riechen, auf die Probe gestellt. Wer nicht sehen kann, muss seine übrigen Sinne schärfen. So versucht man, sich in einer Wohnung zu orientieren, sich gefahrlos in einer Stadt zu bewegen und einen Einkauf im Supermarkt zu erledigen. In einem weiteren Abschnitt des Experimentalmuseums gilt es – nun ohne Augenbinde – an interaktiven Stationen zum Beispiel einen Parcours mit einem Rollstuhl zu absolvieren oder Blindenschrift zu lesen – ein wirklich eindrucksvolles Erlebnis!

Das Dunkelexperiment
Hafenstraße 69
23769 Fehmarn OT Burgstaaken
T. 04371 87 92 47
www.dunkelexperiment.de
April bis Juni und September
Mi. + Sa. + So. 10–17 Uhr
Juli und August tgl.
10.30 – 17.30 Uhr
Oktober bis März geschlossen

49 Erleben
Fehmarn

Gläserne Inselsouvenirs

Wer etwas Besonderes als Mitbringsel oder aber als Erinnerung an einen Fehmarnurlaub sucht, ist in der Glaskreativwerkstatt genau richtig. Der Ablauf ist ganz einfach: Zunächst wählt man das gewünschte Glas aus, egal ob Vase, Trinkglas oder Einmachglas. Anschließend heißt es kreativ werden, um mit Schablonen das gewünschte Motiv auf dem Glas aufzubringen. Neben Klassikern wie der Fehmarnsundbrücke oder der Insel als Silhouette, kann man der Fantasie freien Lauf lassen und selbstdesignte Schablonen kreieren. Abschließend kommt der spannendste Teil: Das Glas wird gesandstrahlt, sodass die von der Schablone abgedeckten Flächen durchsichtig und alle übrigen satiniert sind. Das fertige Produkt ist garantiert ein Unikat und eine schöne Erinnerung an die Insel.

Glaskreativwerkstatt
Burgstaaken 50
23769 Fehmarn OT Burgstaaken
T. 04371 88 99 870
www.glas-kreativ-werkstatt.de
Mo–Fr 11–16 Uhr
Im Winter abweichende
Öffnungszeiten

50 Genießen
Fehmarn

Frisch aus der Ostsee auf den Teller

Viele Jahrzehnte lang gab es im Hafen von Burgstaaken mehr Boote für die Steinfischerei, bei der auf dem Grund der Ostsee liegende Steine zur Verwendung als Baumaterial gesammelt wurden, als für die herkömmliche Fischerei, die den Fang für die Küche an Land zieht. Seit auf Fehmarn Häuser mit Material vom Festland gebaut werden, bekommt man im Hafen wieder den frischesten Fisch der Insel. Eine Institution auf Fehmarn ist das Restaurant „Zum Goldenen Anker", wo es sich auf der sonnigen Terrasse mit Blick auf das Hafenbecken vortrefflich speisen lässt. Ein Klassiker sind die verschiedenen Matjesvarianten, also in Salzlake gereifte junge Heringe, von Sherrymatjes über Räuchermatjes, bis hin zu Kräutermatjes und Sahnematjes. Sehr beliebt ist auch der Labskaus nach traditionellem Rezept mit Rollmops und Spiegelei. Wer besonders viel Hunger mitgebracht hat, sollte die Ankerplatte mit verschiedenen Fischfilets und Bratkartoffeln probieren. Neben den Fehmarnschen Spezialitäten aus dem Meer findet man auf der Karte auch einige Alternativgerichte.

Zum Goldenen Anker
Burgstaaken 63
23769 Fehmarn OT Burgstaaken
T. 04371 31 63
www.goldener-anker-fehmarn.de
tgl. 11.30–22.00 Uhr

51 Entdecken
Fehmarn

Über die Rettung auf See

Die Deutsche Gesellschaft zur Rettung Schiffbrüchiger (DGzRS) blickt bereits auf eine über 150-jährige Geschichte zurück. Zeit genug, um der nicht-staatlichen Organisation ein Museum zu widmen. 2013 erwarben drei Museumsenthusiasten von Fehmarn den 1965 erbauten Seenotkreuzer „Arwed Emminghaus", der zuvor jahrzehntelang in Nord- und Ostsee und sogar vor Island im Einsatz war, und bauten diesen im Hafen von Burgstaaken zu einem Museum aus. Somit bietet sich eine einmalige Gelegenheit, die faszinierende Technik an Bord zu erleben. Sämtliche Bereiche des Kreuzers sind originalgetreu erhalten und aufbereitet. Der Maschinenraum, die Kajüten, das Cockpit, alles kann besichtigt werden und der Besucher erhält einen detaillierten Einblick in die Arbeitsbedingungen der Festangestellten und unzähligen Freiwilligen, die bei wirklich jedem

Wetter in See stechen, um in Not geratene Segler, Wassersportler und Schiffbrüchige aller Art zu retten. In einem kleinen Museumsraum erwarten Sie ergänzende Exponate und Informationen zur Seenotrettung allgemein und speziell auf der Insel Fehmarn.

Seenotrettungsmuseum Fehmarn
Burgstaaken 89
23769 Fehmarn OT Burgstaaken
T. 04371 87 97 777
www.seenotrettungsmuseum-fehmarn.de
Ostern bis Ende Oktober und Weihnachtsferien tgl. 10–17 Uhr

52 **Entdecken**
Fehmarn

Wanderung in Fehmarns wilden Osten

Wer sich im Sommer auf der touristisch doch recht gut besuchten Sonneninsel – wie Fehmarn aufgrund der bundesweit rekordverdächtigen Anzahl an jährlichen Sonnenstunden gerne genannt wird – nach ein bisschen Ruhe sehnt, dem sei eine Wanderung nach Staberhuk, im äußersten Südostende der Insel gelegen, empfohlen.

Wir starten im Epizentrum des Fehmarnschen Badetourismus, direkt vor den markanten Fernblick-Hochhäusern am Südstrand. Vorbei an dem Spalier aus Strandkörben geht es zunächst über die Promenade und anschließend über einen Holzweg vorbei an dem Sahrensdorfer Binnensee. Wir passieren das Ferienhaus- und Campinggelände und lassen langsam den Trubel der Insel hinter uns. Der Weg geht über in einen kleinen Trampelpfad, zur linken schweift der Blick über eine, bis in die Ferne reichenden, Ackerlandschaft; dafür entschädigt der Blick über den kleinen, von Findlingen übersäten Strand und die Ostsee allemal. Wir erreichen schließlich nach etwa 7 Kilometern den Leuchtturm Staberhuk, der 1903 erbaut wurde und somit das jüngste Seezeichen der Insel ist. Besonders kurios ist das zweifarbige Mauerwerk des Leuchtturms. Die gelben Ziegelsteine sind die ursprünglich verwendeten, die jedoch auf der Westseite aufgrund der starken Verwitterung gegen rote ausgetauscht werden mussten. Die Küstenlandschaft ist sehr eindrucksvoll, hier beginnt auch die Steilküste, die sich die gesamte Ostküste der Insel entlang zieht. Die schöne Aussicht und Ruhe teilt man für gewöhnlich nur mit wenigen anderen Wanderern, was auf die schlechte Erreichbarkeit vor allem mit dem Auto zurückzuführen ist. Wer nicht denselben Weg zurücklaufen möchte, kann der Steilküste nach Norden bis zum weithin sichtbaren Militärgelände folgen und von dort entlang der Straße über Staberdorf und anschließend durch das Ferienhausgelände zurück zum Südstrand gelangen.

Wanderung am Leuchtturm Staberhuk
23769 Fehmarn

53 Genießen
Fehmarn

Das Windbeutelparadies

Direkt an der namensgebenden, wunderschönen Allee gelegen, die das winzige Örtchen Katharinenhof an Fehmarns Ostküste durchzieht, liegt das Allee-Café. Legendär vor allem durch die gigantischen, süßen oder herzhaften Windbeutel kann der Besucher auch aus einem großen Angebot an Torten, Kuchen und kleinen Gerichten wie Flammkuchen wählen. Vegane und glutenfreie Alternativen stehen ebenfalls zur Auswahl. In dem kleinen Café-Garten lassen sich die Speisen und Kaffeespezialitäten und dazu die herrliche Ruhe genießen. Am Wochenende und an Feiertagen wird ein umfangreiches Frühstücksbuffet angeboten – auf jeden Fall reservieren.

Allee-Café Katharinenhof
Haus Nr.3
23769 Fehmarn
OT Katharinenhof
T. 04371 50 38 38
www.alleecafe-katharinenhof.de

54 Entdecken
Fehmarn

Inselumrundung mit dem Fahrrad

Fehmarn zählt zwar flächenmäßig als drittgrößte Insel Deutschlands, dennoch lässt sie sich auf einer entspannten Tagestour mit dem Fahrrad komplett umrunden. Wir beginnen die gut 60 Kilometer lange Fahrt an der Fehmarnsundbrücke, wer mit dem Auto anreist, kann auch auf dem Festland bei Großenbrode parken und mit dem Rad die Fehmarnsundbrücke überqueren – ein toller Ausblick ist garantiert (s. Tipp Nr. 55, S. 54). Vorbei an Strukkamphuk, Lemkenhafen und Orth fahren wir fast ausnahmslos direkt am Strand mit – vorausgesetzt es weht etwas Wind – Ausblick auf unzählige Surfer. Nach einem kurzen Abstecher zum Flügger Leuchtturm geht es entlang der Küste gen Norden, vorbei am Naturschutzgebiet Wallnau, bis wir hinter dem Leuchtturm Westermarkelsdorf den Nordwestzipfel der Insel passieren (s. Tipp 1). Der „Grüne Brink“ (s. Tipp 19) lädt zu einer Rast oder zum Baden ein, bevor wir in einem Bogen den geschäftigen Fährhafen von Puttgarden passieren, sodass wir bei Marienleuchte wieder an die Ostsee gelangen. Bald darauf wandelt sich das Küstenbild und wir radeln oberhalb der Steilküste mit Ausblick über das Meer. Der Leuchtturm Staberhuk ist den Abstecher wert, in der Ruhe und Abgeschiedenheit von Fehmarns Südostspitze kann man bei einer Rast Kraft für den letzten Abschnitt sammeln. Am Strand entlang geht es nach Burgtiefe und weiter nach Burgstaaken, wo man sich für die Tour mit einem leckeren Essen belohnen sollte, denn das letzte Stück der Strecke auf die weithin sichtbare Fehmarnsundbrücke zu ist nicht mehr lang.

Radtour rund Fehmarn
Weitere Informationen unter: www.fehmarn.de/sonneninsel/aktiv/radfahren

55 Entdecken
Fehmarn

Die Verbindung zum Festland

Bis 1963 war die Reise auf die Insel noch deutlich abenteuerlicher als heutzutage. Von Großenbrode aus ging es mit der Fähre bis zu dem kleinen Ort Fehmarnsund, bei starken Ost- oder Westwinden sicherlich eine ungemütlich schauklige Angelegenheit. Heutzutage kann es höchsten dazu kommen, dass die Überfahrt über die mittlerweile unter Denkmalschutz stehende Fehmarnsundbrücke bei starkem Wind für PKW mit Anhänger oder LKW beschränkt ist. Die Brücke besteht im Wesentlichen aus einem Netzwerkbogen, der mit einer Länge von fast 270 Metern und einer Höhe von 45 Metern einer der größten weltweit ist und der Brücke ein elegantes Aussehen verleiht. Zusammen mit den beiden Zufahrtsrampen überspannt sie die gesamte Breite des Fehmarnsunds von knapp einem Kilometer. Doch nicht nur die Autofahrer erfreuen sich dank der Brücke an einer vereinfachten Überfahrt, auch der Zugverkehr nach Burg und über Puttgarden per Fähre weiter nach Dänemark wurde über ein Gleis neben der Fahrbahn gelei-

tet. Ein besonderes Erlebnis ist es, die Brücke zu Fuß oder mit dem Fahrrad zu überqueren, wofür ein Fußweg am Westrand der Brücke zur Verfügung steht. Der Weg ist zwar recht schmal, aber man kann nach Belieben den Ausblick auf Fehmarn und das Festland aus 23 Metern Höhe genießen. Vor allem zum Sonnenuntergang grandios. Achtung: Die Aufgänge zur Brücke für Fußgänger und Radfahrer sind jedoch etwas versteckt und können leicht übersehen werden.

Übergang Radweg zur Fehmarnsundbrücke
Königsweg
23775 Großenbrode
Weitere Informationen unter:
www.fehmarn-inselreif.de/sundbruecke

Heiligenhafen & Großenbrode

1 **Entdecken**
Heiligenhafen

Altes Gemäuer im Stadtzentrum

Ein prächtiger, erhabener Bau und Wahrzeichen der Stadt ist die gotische Backsteinkirche mit ihren Treppengiebeln, die die Altstadt überragt und deren Stadtsilhouette prägt. Bereits im Jahre 1250 im romanisch-gotischen Übergangsstil errichtet, gilt die Kirche als frühes Zeugnis der Christianisierung in Norddeutschland. Sie wurde in den nachfolgenden Jahrhunderten baulich sehr stark verändert. Im Innern ist die Figur des Heiligen Christopherus das älteste Stück. Schön sind auch das 500 Jahre alte Chorgestühl, die Figuren von Adam und Eva und die Schiffsmodelle, von denen das der Fregatte Samson eines der ältesten Votivschiffe Deutschlands ist. Hier finden Sie einen beschaulichen Ort, wo es sich vom Strand-Trubel etwas abschalten lässt.

Stadtkirche Heiligenhafen
Kirchenstraße 5
23774 Heiligenhafen
T. 04362 50 27 933
www.kirche-heiligenhafen.de
15. April bis 18. Oktober, Mo–Fr
10.30–13 u. 14–16.30 Uhr

2 Erleben
Heiligenhafen

Heiligenhafen in früheren Zeiten

Zur Stadtgeschichte Heiligenhafens gehören neben Hafen, Seefahrt und Fischerei auch das erst nach dem Zweiten Weltkrieg beginnende Badeleben und der Tourismus in dem Ostseeheilbad. Informationen hierzu bekommt man in dem 1992 eröffneten Heimatmuseum, das in einem alten Jugendstilgebäude von 1904 untergebracht ist. Auch die Vor- und Frühgeschichte finden Erwähnung und zu den Fossilien finden Bestimmungskurse statt. Ebenso ist die Verbindung des Dichters Theodor Storm (Der Schimmelreiter) zu Heiligenhafen ein Ausstellungsthema. Besuchenswert sind die Sonderausstellungen und Veranstaltungen wie Klassikkonzerte und Jazzmatineen.

Heimatmuseum Heiligenhafen
Thulboden 11A
23774 Heiligenhafen
T. 04362 38 76
www.heimatmuseumheiligenhafen.de
April bis Oktober, Di–Fr, So u. Feiertage 15–17 Uhr
(im Winter eingeschränkt)

3 Entdecken
Heiligenhafen

„Bücher sind Entspannung und Training für den Geist"

Klassische Badebuchhandlung mit großem Angebot an Unterhaltungsliteratur, Krimis und Regionalia.

Buchhandlung Ton & Text
Bergstraße 12
23774 Heiligenhafen
T. 04362 14 39
www.tonundtext.buchkatalog.de

Genießen
Heiligenhafen

Maritimes Ambiente im Seestern

Das seit 1958 familiär geführte Haus liegt zentral am Hafen und bietet in seinem Hotel neun modern eingerichtete Zimmer, auch mit Balkon. Der Blick geht auf den 5-Sterne-Charteryachthafen oder in Richtung Altstadt und Stadtkirche. Das Restaurantangebot ist vor allem maritim mit den Klassikern Dorsch, Hering und Scholle sowie Pannfisch. Auf Vorbestellung sind auch Seezunge, Ostsee-Aal und Steinbutt möglich. Ebenfalls werden Schnitzel und Steaks angeboten und es gibt Basilikum Pasta als vegetarisches und veganes Gericht. Oder wie wäre es mit der Seemannsspeise Labskaus, hier natürlich hausgemacht und, wie es sich gehört, mit Spiegelei, Matjes, Gurke und Roter Bete garniert. Gern sitzt man auch auf der originellen Bootsterrasse, die sogar für Besucher geeignet ist, die zur Seekrankheit neigen. Das Schiff schaukelt überhaupt nicht!

Hotel & Hafenrestaurant Seestern
Am Hafen
23774 Heiligenhafen
T. 04362 22 86
www.seestern-heiligenhafen.de
Hauptsaison 11–21 Uhr
(in der Nebensaison reduzierte Öffnungszeiten)

5 **Entdecken**
Heiligenhafen

Alte Fregatte an Backbord

Seit Juli 2019 gibt es auf Initiative des 2012 gegründeten Vereins „Museumshafen am Warder" an der Nordmole einen öffentlichen Steg, an dem verschiedene museale Schiffe ihren Liegeplatz haben. Da haben zum Beispiel festgemacht: der 1968 erbaute Grönlandkutter „Marianne" aus Dänemark, der Fischkutter „Tolkemit", einer der letzten fahrbereiten Schiffe aus der Zeit 1930–1945, der 1935 in Ostpreußen gebaute Fischkutter „Adriane", der später zu einem Gaffelkutter in der heutigen Ansicht umgebaut wurde, und Weitere. Tauchen Sie ein in die Schifffahrt vergangener Zeiten und entdecken Sie die Schönheit der alten Schiffskonstruktionen! Es befinden sich auch immer wieder einmal museale Gastschiffe am Steg.

Museumshafen am Warder
Nordmole
23774 Heiligenhafen
www.mh-heiligenhafen.de

6 **Erleben**
Heiligenhafen

Von Makrele, Meeräsche und Meerforelle

Schön ist es, den frischen Fisch zur eigenen Zubereitung im Laden oder noch besser frisch vom Kutter zu besorgen, aber noch schöner ist es natürlich, den Fisch selbst gefangen zu haben. Für Freunde des Angelsports gibt es viele Möglichkeiten in Heiligenhafen, den Haken ins Wasser zu halten. So kann man auf der Ostsee vom Boot aus angeln oder vom Strand aus Brandungsangeln betreiben, zum Beispiel an der Steilküste bei Dazendorf oder auf dem Graswarder. Auch Brücken und Molen sind beliebt, wie die Dammbrücke oder in der Yachtwerft Heiligenhafen. Ein besonderes Erlebnis ist eine Hochseeangelfahrt mit der MS Seho oder der MS Einigkeit. Dann kann man nur noch Petri Heil wünschen und hoffen, dass abends ein Dorsch, Hering, Hornhecht oder Butt in der Pfanne liegt.

Angeln in der Ostsee
www.heiligenhafen-touristik.de/sport-freizeit/angeln

7 **Genießen**
Heiligenhafen

Fischgenuss mit Hafenblick

Von der verglasten Dachterrasse des Restaurants Rettungsschuppen vom Hafenhotel Meereszeiten können Sie direkt sehen, wo der Fisch, der bei Ihnen auf dem Teller liegt, angelandet wird. Der Blick auf den Fischereihafen ist in dem denkmalgeschützten und vollständig renovierten Ambiente hervorragend. Vor 100 Jahren hat die Deutsche Gesellschaft zur Rettung Schiffbrüchiger den Schuppen für ihr Rettungsboot erbaut, später wurde hier von der Fischereigenossenschaft das Eis für die Frischhaltung der Fische produziert. Also ein traditionsreicher Hafenort, wo Sie Ihr frisches Dorsch-, Lachs- oder Zanderfilet genießen können. Es gibt aber auch Fleischgerichte und Vegetarisches.

Restaurant Rettungsschuppen
Am Hafen 2
(Zufahrt über
Am Yachthafen 2–4)
23774 Heiligenhafen
T. 04362 50 05 04 00
www.rettungsschuppen.de
Mo, Di, Do, Fr 17.30–22 Uhr,
Sa, So 12–22 Uhr,
Mi Ruhetag

8 **Entdecken**
Heiligenhafen

Ein Eldorado für Angler, Segler und Souvenirjäger

In dem Laden direkt am Hafen werden Angler und Segler, die noch schnell einen Köder, eine Pose oder eine Schwimmweste benötigen, fündig. Fast alles, was Segler und Angler brauchen, liegt in den Regalen. Zudem kann man Kutter chartern oder sich ein Gästezimmer oder Apartment für die Nacht sichern. Im Laden gibt es ein großes Angebot an maritimer Mode und Geschenkartikeln. Vielleicht brauchen Sie noch etwas für die Daheimgebliebenen? Es gibt Teetassen, Frühstücksbretter, maritime Leuchten, Muschellampen, Plüschtiere, Strandspielzeug und vieles mehr. Aber auch maritime Spirituosen, die zum Teil in küstentypischen, windschiefen Flaschen erhältlich sind, werden angeboten wie Ostseeschlamm, Möwenschiet, Küstennebel, Leuchtfeuer und den Ice Mint Likör Nixenwasser.

Ladengeschäft Baltic Kölln
Werftstraße 6
23774 Heiligenhafen
T. 04362 90 700
www.baltic-heiligenhafen.de

9 Genießen
Heiligenhafen

Steak- und Pfannkuchen-Genuss unter alten Balken

Im Zentrum etwas unterhalb der Stadtkirche liegt der alte Salzspeicher von 1587, in dem sich das Steak- und Pfannkuchenhaus befindet. Fotos vom Salzabbau, antike Salztöpfe und Salzleuchten weisen auf die frühere Nutzung hin. Und im Erdgeschoss sitzt man gemütlich unter alten, originalen Balken und kann seine Steaks, frische Salate oder Pfannkuchen, in den Versionen süß oder herzhaft, genießen. Es gibt aber auch Pute oder Fisch sowie vegetarische oder vegane Gerichte wie Veggie Burger, Ofenkartoffel mit Spinat oder Chili sin Carne. Im Sommer sitzt man auf der gemütlichen Terrasse. Achten Sie auf die speziellen Monatsangebote!

Zum Alten Salzspeicher
Steak- und Pfannkuchenhaus
Hafenstraße 2
23774 Heiligenhafen
T. 04362 28 28
www.salzspeicher.com

10 Entdecken
Heiligenhafen

Die Fischerei – ein bedeutender Wirtschaftszweig in der Geschichte der Stadt

Die Fischerei spielt in der Stadtgeschichte Heiligenhafens eine wichtige Rolle. Küstenfischerei wurde bereits im 19. Jahrhundert betrieben und nach dem Zweiten Weltkrieg flohen viele Fischer mit ihren Familien aus Pommern und Ostpreußen und siedelten sich in Heiligenhafen an. Mit ihren großen Kuttern führten sie hier die Hochseefischerei ein. Ab 1953 war Heiligenhafen der größte Fischanlandeplatz der westlichen Ostsee. Später kamen Butterfahrten, Ausflugsfahrten und Hochseeangeltouren hinzu. Außerdem prägen die zahlreichen Yachten und Sportboote das Hafenambiente des Ortes. Eine Bronzefigur am Binnenhafen zeigt den legendären Fischer Friedrich Gottlieb Stüben von Ladislav Hlina und am Yachthafen steht das Denkmal eines freundlich grüßenden Fischers von Hans-Joachim Piegenschke, das aus dem Holz einer Douglasie gefertigt wurde.

Fischerdenkmale
www.sh-kunst.de/werke/kreis-ostholstein

11 **Erleben**
Heiligenhafen

Die Dynamik der Küstenlandschaften und ihre Lebewelt kennenlernen

Natur- und vogelkundlich Interessierte dürften den Besuch des Graswarders ganz oben auf ihrer Liste haben. Das eindrucksvolle und vielgestaltige Ostsee-Schutzgebiet, das seit 1968 Naturschutzgebiet (NSG) ist, zeigt die Dynamik einer Küstenlandschaft. Das Gebiet wird vom Naturschutzbund Deutschland (NABU) betreut, der insgesamt um die 50 weitere NSGs in Schleswig-Holstein beaufsichtigt. Für die Information der Besucher ist gesorgt mit Info-Tafeln, Informations-Zentrum, Führungen und Gebietsbetreuern, die gern die Fragen der Gäste beantworten. Die Info-Hütte kann man nur zu Fuß erreichen, vorbei an den eindrucksvollen, ehemaligen und denkmalgeschützten Fischerhütten, die heute als Wohn- und Ferienhäuser in attraktiver Küstenlage genutzt werden. Von dem 14 m hohen Beobachtungsturm nahe der NABU-Hütte hat man einen grandiosen Ausblick auf die Küstenlandschaft und die Vogelwelt in den zerklüfteten Strand-, Nehrungs- und Salzwiesen-Lebensräumen. Um die 40 Vogelarten brüten im Gebiet. Zu den Zug- und Rastzeiten können viele weitere Arten beobachtet werden. Eindrucksvoll sind dann die Schwärme der Grau- und Weißwangengänse, der Pfeifenten und verschiedenen Watvogelarten. Hier erleben Sie ein Stück Ostsee-Wildnis, wie man es nur noch an wenigen Stellen antreffen kann.

NABU Station auf dem Graswarder
Graswarder
23774 Heiligenhafen
T. 04362 69 47
www.graswarder.de

12 Genießen
Heiligenhafen

Köstliches Softeis mit Auflage

Vor oder nach der Wanderung auf den Graswarder (s. vorhergehender Tipp) kann man sich im Süßwarengeschäft Gretas-Glück noch etwas zur Stärkung besorgen, seien es Schokolade, Pralinen oder Buttermilk-Crumbly Fudges in der Geschmacksrichtung Vanille oder Karamell-Meersalz. Man kann sich auch die vorhandenen Papier-Spitztüten nach eigener Wahl mit Köstlichkeiten füllen. Sehr lecker ist das Softeis, das es in den Variationen klein, mittel und groß sowie mit oder ohne Schokoüberzug gibt. Oder man krönt das Eis mit einigen Streuseln aus der bunten Auswahl. Da stehen gesalzenes Karamellkrokant, Oreo, Lakritz, Schlumpf-Streusel, Multi Crunch und diverse Weitere zur Verfügung.

Süßwarengeschäft Gretas-Glück
Joachim Sanmann
Graswarderweg 2/Haus 15b
23774 Heiligenhafen
T. 0179 29 94 524

13 Erleben
Heiligenhafen

Strand und Steilufer

Eine Wanderung zum Steinwarder und um den Binnensee kann man gut nahe der Seebrücke beginnen. Das eindrucksvolle Bauwerk, das gewinkelt und in mehreren Ebenen mit Spiele- und Ausruhplätzen und verglasten Meereslounges versehen ist, ragt ganze 435 m in die Ostsee. Nachdem wir den Meeresausblick genossen haben, geht es in Richtung Westen am Strand entlang nach Steinwarder und zum Steilufer. Am Strand finden wir nicht nur Tang, Muschelschalen und Meeresschneckengehäuse, sondern auch geschliffene Steine, mit etwas Glück sogar Fossilien und Bernstein. Nach Umrundung des Eichholzes geht es entweder südlich des Binnensees am Aktiv-Hus vorbei zurück zur Seebrücke oder wieder am Strand entlang – man könnte ja etwas übersehen haben. Schön ist es auch, ein Stück des Küstenweges auf der Oberkante des Kliffs zu wandern.

Wanderung Steinwarder
www.heiligenhafen-touristik.de/sport-freizeit/natur/steilkueste

Genießen
Heiligenhafen

Quarkoase am Strand

Äußerst maritim zwischen Ostsee und Binnensee auf dem Steinwarder liegt direkt am Strand nahe der DLRG-Hauptwache das Café Bene. Die Seebrückenpromenade in Richtung Westen führt zu der gastronomischen Einrichtung mit Sonnenterrasse und einigen Strandkörben. Es gibt handgebrühten Kaffee und hausgemachten Kuchen sowie leckeres Eis. Das besondere Highlight ist der Obstquark, den man probiert haben sollte. Am Abend kann man bei einem Gläschen Wein auf den fernen Horizont der Ostsee blicken.

Café Bene
Steinwarder, Promenade 15
23774 Heiligenhafen
T. 01575 56 52 605

15 **Genießen**
Heiligenhafen

Alles maritim – von Auster bis Zander

Im schmucken roten Holzhäuschen mit Gründach in bester Hafenlage hat der inzwischen bundesweit bekannte Gastronom aus dem Sylter Norden mit Blick auf den Jachthafen und den Binnensee eine weitere seiner typisch maritim ausgestatteten Dependancen eingerichtet. Und auch das Speisen-Angebot kommt gewohnt maritim daher. Es gibt die Klassiker Pannfisch, Doradenfilet, Matjes nordische Art, Brathering und Nordseescholle. Aber auch Garnelen, Austern und Miesmuscheln sowie der eine oder andere gute Tropfen weißen oder roten Weines können geordert werden. Oder man nimmt sich ein beliebtes Fischbrötchen auf die Flossen mit und verspeist Selbiges am Gestade des Meeres. Wer noch mehr Gosch in der Lübecker Bucht möchte, kann in den Filialen in Grömitz, Scharbeutz, Timmendorfer Strand, Travemünde und auch in Lübeck einkehren.

Gosch Heiligenhafen
Jachthafenpromenade 1
23774 Heiligenhafen
T. 04362 50 84 090
www.gosch.de

16 Erleben
Heiligenhafen

Nicht nur für schlechtes Wetter

Das am westlichen Binnensee gelegene Aktiv-Hus bietet nicht nur Shopping-Erlebnis mit einem bunten Mix aus Geschäften und Gastronomie; sondern auch einen umfangreichen SPA-Bereich mit Saunalandschaft, Solarien und Swimming-Pool, Sportarena mit Hüpfburgen und Kletterwand sowie die Kinderspielwelt Schatzinsel. Auf 2.000 Quadratmetern Indoor-Spielfläche können sich die Kinder mit Klettergerüsten, Trampolinen, Hüpfburgen, Rutschen-Leuchtturm, Tischtennis, Billard, Air-Hockey oder Ball-Kanonen richtig austoben. Und die Eltern spielen mit oder gehen währenddessen in die Ostsee-Lounge und genießen bei einem Tässchen Tee oder Kaffee den Ausblick auf den nahegelegenen Binnensee.

Aktiv-Hus im Ostsee Ferienpark
Eichholzweg
23774 Heiligenhafen
T. 04362 50 29 011
www.aktiv-hus.de

17 Entdecken
Heiligenhafen

Spuren der Bronzezeit auf freiem Feld

Wer auf der Straße von Heiligenhafen in Richtung Dazendorf unterwegs ist, dem fallen kleine, zum Teil baum- und strauchbewachsene Hügel in der Landschaft auf. Die Erhebungen von Tweltenberge und Struckberg befinden sich etwa 200 m von der Straße entfernt auf freiem Feld. Es handelt sich um bronzezeitliche Grabhügel, die es früher, ebenso wie steinzeitliche Grabhügel und Hünengräber, reichlich in manchen Gegenden Schleswig-Holsteins gab. Meist wurden sie eingeebnet und die Findlinge wurden als Baumaterial verwendet. Die letzten vorhandenen Grabhügel sind mittlerweile geschützt, so wie auch diejenigen zwischen Dazendorf und Heiligenhafen, die als Naturdenkmal unter Denkmalschutz stehen.

Bronzezeitliche Grabhügel

Straße zwischen Heiligenhafen und Dazendorf

18 Erleben
Heiligenhafen

Zehntägiges maritimes Stadtfest

Das sommerliche Fest-Highlight im Juli sind die Hafenfesttage, die 2019 zum 44.Mal stattfanden, während sie 2020 pandemiebedingt ausfallen mussten. Im Jahr 2021 soll es weitergehen mit Open-Air-Konzerten auf der Hafenbühne, einem Kunsthandwerkermarkt, umfassendem Kinder-Programm, kulinarischen Angeboten und einem Festumzug und Feuerwerk. Am letzten Wochenende der Hafenfesttage hat sich eine Veranstaltung für Rock- und Independent-Fans etabliert, der Rock am Kirchberg. Dabei präsentieren sich Musikgruppen aus Heiligenhafen und Umgebung. Mit den Einnahmen wird die Jugendarbeit der Kirche des Ortes gefördert.

Hafenfesttage und Rock am Kirchberg

www.rock-am-kirchberg.de
www.hafenfesttage.de

19 Erleben
Klausdorf

Die Ostsee und ihre Geologie, Lebewelt und Geschichte kennenlernen

Der weiße, wie abgeschnitten aussehende Turm ist weithin sichtbar. Aus dem 1968 in Betrieb genommenen ehemaligen Fernmeldeturm und anliegenden Gebäuden wurde 2012 eine Erlebnisausstellung, die sich mit der Ostsee beschäftigt. Die Lebewelt der Ostsee wird in diversen Aquarien präsentiert. So kann man Plattfische, Haie, Dorsch, Petermännchen, Hummer, Seeanemonen und viele andere Meeresorganismen aus der Nähe kennenlernen.

Das Geocenter informiert über die Entstehung, Geschichte und Besonderheiten der Ostsee. Im Fischereimuseum geht es um die wirtschaftliche Nutzung und die Ostsee als Nahrungsquelle. Den Turm kann man auch erklimmen und so einen grandiosen Blick zur Ostsee und zum Graswarder sowie ins Binnenland genießen. Die Aussichtsplattform befindet sich 80 m über dem Meeresspiegel und ist per Außenfreitreppe oder Fahrstuhl erreichbar.

Ostsee-Erlebniswelt Heiligenhafen
Bäderstraße 6a/Am Turm
23774 Klausdorf
T. 04371 44 16
www.mega-meereswelten.de
Februar bis Oktober
tgl. 10–18 Uhr

20 Entdecken und Genießen
Altgalendorf

Von Ingrid-Marie, Jamba, Rubinette und Elstar

Wer auf der Kreisstraße von Heiligenhafen nach Oldenburg unterwegs ist und durch Altgalendorf kommt, sollte dem Obsthof und Hofladen Lafrenz einen Besuch abstatten. Bereits seit den 1950er Jahren wird auf dem Hof Obst angebaut, 2010 erfolgte die Umstellung auf biologischen Anbau, der inzwischen auf einer Fläche von 40 ha erfolgt.

Hier bekommen Sie frische Sauerkirschen und Äpfel der Sorten Breaburn, Holsteiner Cox, Elstar, Ingrid-Marie, Jamba, Rubinette und andere aus ökologischem Anbau. Erdbeeren, Pflaumen und Himbeeren aus der Region sind ebenfalls erhältlich. Selbst gepresste Säfte sind ganzjährig im Angebot. Man kann auch seine eigenen Äpfel pressen lassen und erhält den Saft aus eben diesen. Im Hofladen gibt es außerdem Brotaufstriche, Liköre, Weine, Honig und anderes zu kaufen.

Obsthof Lafrenz
Dörferstraße 21
23758 Altgalendorf
T. 04361 80 991
www.obsthof-lafrenz.de
Mo–Fr 10–12 u. 14–18 Uhr,
Sa 9–13 Uhr

21 Erleben
Großenbrode

Das ganze Jahr was los

Großenbrode lädt ein zu ruhigen Mußestunden am Strand und im Strandkorb, zu einem Blick von der fast 300 m ins Meer ragenden Ostseebrücke oder zu beschaulichen Spaziergängen entlang der Promenade und Mole oder zu Wanderungen am Südstrand und entlang der Steilküste. Aber es ist auch Einiges los im Jahreslauf. So gibt es Flohmärkte an der Promenade, Dorffeste und Beach Partys.
Es werden Pfingstfest, Mittsommerfest, Meerbühnenfest und Promenadenfest sowie Lichterfest am Kurpark veranstaltet und Sommerkonzerte, Filmabende, Talk am Meer, Comedy Festival und Weiteres sind im Angebot. Beliebt sind auch die Meerzeit mit Pferden oder das herbstliche Oktoberfest. Und zum Jahresausklang gibt es die Silvester-Party, der sogleich am ersten Tag des Jahres das traditionelle Neujahrsschwimmen folgt.

Großenbrode Tourismus Service und Grundstücks GmbH & Co. KG
Teichstraße 12
23775 Großenbrode
T. 04367 99 71 13
www.grossenbrode.de

22 Erleben
Großenbrode

Übernachtung auf der Seebrücke

Hotels und Ferienwohnungen sind ja ganz nett und auch die Übernachtung im Schlafstrandkorb, die inzwischen viele Seebäder anbieten. Aber etwas Besonderes ist es mittlerweile nicht mehr. Da kommt die neue Attraktion gerade recht: eine Nacht auf der Seebrücke in Großenbrode in einem Schlafwürfel. Der „sleeperoo Cube" ist ein zeltähnlicher Würfel mit drei Panoramafenstern, integrierten LED-Leuchten und einer Schlafstätte für zwei Personen (mindestens 18 Jahre alt). Der Würfel befindet sich am Ende der 280 m langen Seebrücke. Man kann den nächtlichen Sternenhimmel und das romantische Meeresrauschen in vollen Zügen genießen und ist dem Sonnenuntergang und den Flugspielen der Möwen außergewöhnlich nahe – fast wie damals im Schlafsack am Strand der portugiesischen Algarve oder im Sand der griechischen Insel Kreta.

Übernachtung im Schlafwürfel
www.mydays.de/geschenkidee/sleeperoo-cube-uebernachtung-in-grossenbrode

23 Genießen und Erleben

Großenbrode

Kulinarische und naturkundliche Impressionen

Auf der Gartenterrasse oder in den Räumlichkeiten des Cafés kann man sich nicht nur wohlfühlen und entspannen, sondern auch köstlichen, hausgemachten Kuchen, saisonale Spezialitäten und dazu Heißgetränke, bio und fair, genießen. Darüber hinaus bietet das zweiköpfige Frauen-Team auch diverse Naturerlebnis-Veranstaltungen für Geburtstagsfeiern, Betriebsausflüge sowie Kinder- und Erwachsenengruppen oder naturkundliche Sonderaktionen an. Dabei kann man Strandfunde kennenlernen, sich mit dem Wald und ihren Tieren oder mit Kräutern und anderen Umweltthemen auf interessante Art beschäftigen. Das macht nicht nur viel Spaß, sondern man kann auch selbst aktiv werden.

Café Mehlbeere
Alte Sundstraße 9
23775 Großenbrode
T. 04367 23 29 576
www.cafe-mehlbeere.de
tgl. 11–18 Uhr,
Januar bis März Sa-Mo,
April bis Mai Fr–Mo,
Juni bis Dezember Fr–Di

24 Entecken

Großenbrode

Von Hünen erbaut

In der schleswig-holsteinischen Landschaft stößt man immer wieder auf Spuren unserer stein- und bronzezeitlichen Vorfahren. Aus der Jüngeren Steinzeit stammen die sogenannten Hünengräber, die aufgrund der tonnenschweren Feldsteine, die zum Aufbau der Grabanlagen verwendet wurden, nur von riesenhaften Gestalten (Hünen) errichtet worden sein konnten, so dachte man. In der Nähe des Alten Sundes nördlich von Großenbrode und nördlich der B207 finden wir das Langbett „Krausort“ oder „Kronsteinberg“, das eine Länge von 100 Metern besitzt und damit als eines der längsten Deutschlands gilt.
Es liegt nicht weit von der Fehmarnsundbrücke auf einer Grünfläche, zwischen Gehölzen versteckt.

Hünengräber mit Fehmarnblick
www.ostsee.de/grossenbrode/
sehenswertes.html

25 Erleben

Großenbrode

Stets einsatzbereit – Die Seenotretter

„Zwei Segler mit lebensgefährlicher Unterkühlung aus der Ostsee gerettet", „Seenotretter kommen Schwerverletztem auf Segelschulschiff in der Ostsee zur Hilfe", so oder ähnlich lauten die Schlagzeilen, wenn die Mitarbeiter der Deutschen Gesellschaft zur Rettung Schiffbrüchiger (DGzRS) mal wieder im Einsatz waren. Ihre markanten rot/weißen Boote mit der Aufschrift SAR (für Search and Rescue – maritimer Such- und Rettungsdienst) sind entlang der ganzen deutschen Ostsee- und Nordseeküste stationiert. Man sieht sie bisweilen im Einsatz oder im Hafen liegen. (Foto zeigt das SAR-Boot in Heiligenhafen) So auch in Großenbrode, wo die 27,5 m lange „Bremen" im ehemaligen Marinehafen beim früheren Fähranleger nahe der Fehmarnsundbrücke liegt und vor allen die Gewässer rund um Fehmarn überwacht. Bisweilen kann man die Rettungsboote besichtigen, z. B. an Tagen des open-ship. Die Crew lebt an Bord der Schiffe und ist jederzeit einsatzbereit, und das bei jedem Wetter. Für Schiffe, die auf der Ostsee unterwegs sind, aber auch für Wassersportler und Freizeitsegler ist es ein beruhigendes Gefühl, die mutigen Seenotretter ständig einsatzbereit auf ihren Schiffen zu wissen.

Deutsche Gesellschaft zur Rettung Schiffbrüchiger (DGzRS) – Großenbrode
Am Kai 27
23775 Großenbrode
T. 0421 53 70 70
www.seenotretter.de

26 **Erleben**
Großenbrode und andere Ostseeorte

Bootstouren – gemächlich oder mit Hochgeschwindigkeit

Mit der MS „Seho" kann man von Großenbrode unterschiedliche Schiffstouren unternehmen. Ab Seebrücke geht es entweder zu einer Fehmarnsundbrückentour aufs Wasser oder man unternimmt eine längere Fehmarntour mit Landgang in Burgstaaken. Besonders beliebt ist die abendliche Lampionfahrt, bei der es der untergehenden Sonne entgegen geht. Wem das Geschippere mit dem gewöhnlichen Ausflugsschiff nicht aufregend genug ist, kann sich auf eines der High-Speed-Schlauchboote der Baltic Pirates schwingen, um mit bis zu 1200 PS über das Wasser zu brettern. Mit 100 Stundenkilometern geht es in Steilkurven und mit Sprüngen über die Ostsee. Die Baltic Piraten starten mit ihren Booten auch von diversen anderen Orten an der Ostsee wie Heiligenhafen, Dahme, Kellenhusen, Grömitz, Neustadt und Fehmarn.

Schiffstouren
Reederei Mirko Stengel
T. 0173 32 18 023
www.ms-seho.de
Baltic Pirates
T. 0151 50 83 09 00 u.
04561 71 46 884
www.baltic-pirates.de

27 Entdecken
Großenbrode

Altes Kirchengemäuer mit hölzernem Turm

Im historischen Ortskern von Großenbrode liegt die St.-Katharinen-Kirche, deren erstmalige Erwähnung auf das Jahr 1230 zurückgeht. Die Backsteinkirche, deren hölzerner Turm aus dem 17. und 18. Jahrhundert stammt, besitzt im Innern eine spätbarocke Kanzel, einen dreiteiligen Altar von 1694/96, einen schwebenden barocken Taufengel aus dem 18. Jahrhundert und weitere Kostbarkeiten.

St.-Katharinen-Kirche
Nordlandstraße 13
23775 Großenbrode
T. 04367 321
www.kirchenkreis-ostholstein.de

28 Genießen
Großenbrode

Kulinarischer Abstecher in den Strandweg

Der Name sagt es schon: Das Restaurant ist nicht weit vom Strand entfernt, Strandvej ist Dänisch und bedeutet Strandweg. Im maritimen Dünenambiente auf einer rustikalen Sonnenterrasse kann man die frisch, regional und nachhaltig zubereiteten Speisen genießen. Neben Fleisch und klassischen Fischgerichten finden sich auch Pizza und Pasta im Angebot. Zu empfehlen sind ebenfalls die Burger, die es mit Rindfleisch oder Hähnchenfilet gibt oder die

als Cheeseburger, ebenso wie als Veggie-Burger erhältlich sind. Die Gerichte gibt es im Außer-Haus-Verkauf mit Lieferservice. Zu beachten ist auch die ständig wechselnde Tageskarte!

Bar & Restaurant Strandvej
Strandstraße 32
23775 Großenbrode
T. 04367 99 66 388
www.strandvej-grossenbrode.de
Mo–So 12–14 u. 17–20 Uhr

29 **Erleben**
Großenbrode, Heiligenhafen, Oldenburg

Das maritime Radfahrerlebnis

Die Gegend per Rad zu erkunden bietet sich an. Man kann sich zum Beispiel die drei ausgeschilderten Themenrouten vornehmen. Die Landliebe-Tour (Symbol: Kuh mit Knutschmaul) geht über 48 km als Rundtour von Großenbrode an Oldenburg vorbei nach Heiligenhafen und zurück. Die Stadt-Land-Muss-Tour (Symbol: Heiligenhafener Erlebnis-Seebrücke) geht in die Ostseespitze bis an die Fehmarnsundbrücke und nach Heiligenhafen und zurück und die Weissenhaus-Tour (Symbol: Herrenhaus) verbindet Heiligenhafen mit Weissenhäuser Strand und Oldenburg. Es werden geführte Touren angeboten und auch den Ostseeküstenradweg kann man in beide Richtungen fahren, entweder südlich bis Travemünde oder in anderer Richtung bis nach Kiel. Also nichts wie in den Sattel und los!

Radtouren
www.ostseespitze.de/radfahren.html

30 Erleben
Großenbrode

Langeweile für die Jugend – Fehlanzeige

Für Kinder und Jugendliche, die ihren Urlaub in Großenbrode verbringen, wird Einiges geboten. Neben der riesigen Badewanne Ostsee mit 1,5 km feinsandigen Strandsand gibt es weitere Attraktionen, von denen wir Einige nennen: In der Wassersportschule Großenbrode kann man Segeln, Surfen, Kiten, Stand-up-Paddling (SUP) und andere Wassersportarten erlernen. Reiten und Strandreiten lässt sich organisieren. Es gibt einen Aktiv-Point mit Sportgeräten und Bolzwiese hinter dem Kurmittelhaus und nicht weit entfernt liegt die Skateanlage mit Streetball-Korb. Spielplätze finden sich u. a. an der Promenade und am Südstrand, Trampolin- und Bungeespringen und Beach-Volleyball finden neben der Seebrücke statt und Tischtennis und Freiluftschach auf der Promenade. Kinderfeste, Animations-Programme in der KinderInsel, Bogenschießen und Bernsteinschleifen werden veranstaltet und das Ferienkino und Puppentheater kann man besuchen. Bei solch umfänglichen Angeboten dürfte dann eher die Frage sein, was mache ich als Nächstes, als dass Langeweile aufkommen könnte.

Großenbrode Tourismus Service
Teichstraße 12
23775 Großenbrode
T. 04367 99 71 13
www.grossenbrode.de

31 Erleben
Großenbrode

Erste Fahrpraxis für die Kleinsten

Auf dem Verkehrsübungsplatz können Kinder ab sechs Jahren mit kleinen Jeeps, Sportwagen oder Oldtimern spielerisch die Verkehrsregeln einüben. Auf dem 1.000 m² großen Gelände mit Ampel, Verkehrsschildern und unterschiedlichen Straßenführungen haben die kleinen Fahrzeugführer die Möglichkeit sich das richtige Verhalten im

Straßenverkehr zu er-fahren. Ab einem Alter von acht Jahren kann man den Jumi-Führerschein machen, also erste Erfahrungen für den späteren, richtigen Führerschein sammeln. Geschwindigkeitsübertretungen wird es wohl nicht geben – die Autos fahren maximal 15 km/h.

Jumicar - Ostholstein
Strandstraße 15
23775 Großenbrode
T. 0173 16 85 151
www.jumicar-ostholstein.de
Di–So 14–18.30 Uhr

32 Erleben
Großenbrode

Die Kugeln rollen wie sie wollen

In Frankreich gehört es zu jedem Dorfplatz dazu und Spieler allen Alters schieben und werfen die Kugeln über die Schotterflächen. Auch in Deutschland finden sich immer mehr Anhänger des Boule- oder Pétanque-Spiels. In Großenbrode gibt es hinter dem Kurmittelhaus eine Spielfläche mit 2 Bahnen und einer Platzgröße von 66 m². In der Nähe des weichen Platzes mit viel Splitt befinden sich Tische, Bänke, ein Kinderspielplatz, Fitnessgeräte und ein Bolzplatz. Da können sie also unbeschwert mal wieder die ruhige Kugel schieben.

Bouleplatz
Südstrand 25,
hinter dem Kurmittelhaus
23775 Großenbrode
www.boule-in-schleswig-holstein.de

33 Erleben
Großenbrode, Dahme, Kellenhusen

Ferien und Fußball

Für die fußballbegeisterten Mädchen und Jungen im Alter von 5 – 15 Jahren gibt es die Möglichkeit, die Ferien mit einem intensiven Fußballtraining in der Fußballschule des Ex-Fußballprofis von Hannover 96, Karsten Surmann, zu verbinden. Neben Großenbrode werden auch in Dahme und Kellenhusen Ferientermine für eine Woche angeboten, in der die Teilnehmer sicheres Passen, ausgefeiltes Dribbling und Tricks, Kopfballspiel und vieles mehr intensiv erlernen und üben können.
Es gibt ein abgestimmtes und leistungsgerechtes Trainingskonzept, bei dem weitere erfahrene Bundesligaspieler mitwirken. Infos bei den jeweiligen Tourist-Informationen und bei der Fußballschule Surmann.

Ferien-Fußballschule
www.fussballschule-surmann.de

34 **Erleben**
Großenbrode

Der Natur auf der Spur

Der Heimatverein Grossenbrode, der auch eine kleine heimatkundliche Ausstellung im Ort betreibt und Veranstaltungen und Vorträge und weitere Aktivitäten durchführt, hat zwischen Promenade und Binnensee einen Naturerlebnispfad eingerichtet. Von der Promenade am Kai erreicht man automatisch die 3,6 km lange Wanderung (auch als Radfahrstrecke), die um das Gebiet herum und über die Strandstraße wieder an den Südstrand führt. Die etwas kürzere Wanderung geht quer durch das Gebiet und ist nur für Wanderer geeignet. An über 20 Stationen säumen Holz-Tierfiguren, Insekten-Nisthilfen, aber auch Bilderrätsel, Klangspiel, Waldfernseher und Fühlboxen zur Erprobung des Tastsinns den Weg. Infotafeln erklären die Lebensräume Totholz, Streuobstwiese, Laubwald und Stillgewässer sowie die Vögel der Küste oder die einheimischen Singvögel.

Förderverein für Heimatkunde und Landschaftspflege im Großenbroder Winkel
Südstrand 1
23775 Großenbrode
www.foerdervereingrossenbrode.jimdo.com

35 **Genießen**
Großenbrode

Der Cocktail in der Abendsonne

Stilvoll leben und genießen ist der Untertitel der gastronomischen Einrichtung und das bezieht sich nicht nur auf das Getränke- und Speisen-Angebot. Es gibt interessante Geschenkartikel aus Dänemark, bei denen vielleicht noch ein Mitbringsel für die Daheimgebliebenen dabei sein könnte. Einrichtungs- und Renovierungsberatung wird auch geboten, für diejenigen, die neuen Schwung in ihre Wohnung bringen möchten. Der Tag im Vaida beginnt auf der wassernahen Sonnenterrasse mit einem stilvollen Frühstück, geht mit kleineren Snacks oder Salaten über den Tag und am Nachmittag gibt es Kaffeespezialitäten, Kuchen, Eis und köstliche Waffeln. Am Abend lässt man den Tag mit Blick aufs Meer und einem kleinen Flammkuchen, dazu einen erlesenen Wein oder Cocktail, ausklingen.

Café Vaida
Am Kai 23 a
23775 Großenbrode
T. 04367 71 79 947
www.vaida-grossenbrode.de
Hauptsaison: tgl. 10–20 Uhr
Nebensaison: Mo, Di, Do 10–19 Uhr, Fr, Sa, So 10–20 Uhr, Mi Ruhetag

36 **Entdecken**
Neukirchen

Alte Wandmalereien wiederentdeckt

Eine der prächtigen mittelalterlichen Kirchen aus dem 13. Jahrhundert finden wir unweit der Ostsee in Neukirchen. Die romanische Backsteinkirche wurde 1244/45 von Graf Adolf IV. zu Ehren von Antonius von Padua gestiftet. Sehenswert sind u. a. das frühgotische Kruzifix und der Taufstein aus nordischem Granit, beide aus der Zeit um 1250. Besonders bekannt aber ist die Kirche für ihre 1953 freigelegten und heute sichtbaren Wandmalereien. Neben der spätromanischen Bemalung des Chorraumes aus dem 13. Jahrhundert ist der Figurenzyklus aus dem 14. Jahrhundert interessant, der die Lebensgeschichte Jesu und Figuren der Apostel Petrus und Paulus und zweier Bischöfe zeigt.

St.-Antonius-Kirche
An der Kirche 7
23779 Neukirchen bei Oldenburg
www.st-antonius-kirche-neukirchen.de

37 Genießen
Lindenhof

Dörfliche Gemütlichkeit unter Linden

Der Gasthof in Heringsdorf ist bereits mehr als 120 Jahre alt und schon lange der Dorfkrug, der seit 1936 unter dem Namen Lindenhof bekannt ist. Das familiengeführte Restaurant bietet gute Hausmannskost von der Scholle bis zum Sauerfleisch. Die gutbürgerliche Holsteiner Küche hat je nach Saison auch Besonderheiten wie Spargel, Grünkohl oder Fliederbeersuppe im Angebot. Im angeschlossenen Räucherladen von Olaf kann man sich noch mit Spezialitäten aus der eigenen Räucherei wie Aal, Heilbutt, Forelle, Stremellachs und Lachsforelle eindecken.

Gasthaus Lindenhof
Lübsche Straße 14
23775 Heringsdorf
T. 04365 214
www.lindenhof-heringsdorf.de
Mo–Sa ab 17 Uhr, So u. Feiertage 11.30–13.30 u. 17–20 Uhr,
Mi Ruhetag

38 Entdecken
Heringsdorf

Kunst und Handwerk auf Gut Görtz

Das neugotische Herrenhaus stammt aus der Mitte des 19. Jahrhunderts. Wenngleich auf dem Gut Landwirtschaft betrieben wird, so finden dort noch diverse weitere Aktivitäten statt. Neben einem Hofcafé nahe dem Torhaus mit hofeigener Backstube, dem Hofladen im ehemaligen Kuhstall und der Galerie ART UP in der alten Meierei finden Besucher auf dem ganzen Gelände viele Künstler und Handwerker, die dort arbeiten und ihre Produkte vorstellen und anbieten. Die Glasbläserei, die Saneart & Design, Holz und Seide, Töpferei, Malerei und Schmuckdesign, Feuerdesign und Skulpturen sind einige der Angebote. Es gibt auch eine Falknerei und ein

Bernsteinstudio. Dort wird nicht nur Bernsteinschmuck gefertigt, sondern es finden auch Workshops zum Selberfertigen von Schmuck und Bernsteinschleifen für Kinder statt.

Gut Görtz – Kunst und Handwerk
Gut Görtz
23777 Heringsdorf
T. 04365 10 05
www.gut-goertz.de
April bis Oktober
Di–So 11–18 Uhr
(im Winter eingeschränkt)

Oldenburg & Lensahn

1 **Entdecken**
Oldenburg

Eintauchen in die frühmittelalterliche Geschichte der Region

Vor rund 1.000 Jahren war das heutige Oldenburg ein Mittelpunkt und Zentrum des slawischen Handels, der Politik und Religion. Das Wallmuseum zeigt das frühmittelalterliche Leben, wie es im slawischen Starigard ausgesehen haben mag. Der Name bedeutet alte Burg und setzt sich im heutigen Namen der Stadt Oldenburg fort. Zudem werden Verbindungen zu anderen slawischen Siedlungen in der Ausstellung aufgezeigt. Im Freilichtgelände sind 20 rekonstruierte Gebäude zu besichtigen und stets sind Slawen oder Wikinger im Gelände unterwegs und informieren die Besucher. Besonders auch zu den zahlreichen mittelalterlichen Veranstaltungen gibt es Einblicke in frühere Handwerke und das Leben in einer Slawensiedlung. Im Garten von Starigard lassen sich typische Heil- und Giftpflanzen, Küchenkräuter sowie Faser- und Färbepflanzen bewundern. Eindrucksvoll ist auch die Sammlung von etwa 50 historischen Rosen. Auf dem Fußweg vom Wallmuseum zur Oldenburger Altstadt passieren Sie den eindrucksvollen Ringwall, der gegen Ende des 7. Jahrhunderts erstmalig angelegt wurde und als eine der bedeutendsten archäologischen Fundstellen Schleswig-Holsteins gilt.

Oldenburger Wallmuseum
Prof.-Struve-Weg 1
23758 Oldenburg i. H.
T. 04361 62 31 42
www.oldenburger-wallmuseum.de
April bis Oktober Di–So 10–17 Uhr

2 **Entdecken**
Oldenburg

Über 800 jährige Tradition der Sankt Johannis Toten- und Schützengilde
Schützenvereine gibt es viele in Deutschland, aber nur wenige können auf eine so lange Tradition zurückblicken wie die Sankt Johannis Toten- und Schützengilde von 1192 in Oldenburg. Sie ist damit sogar die älteste aktive Gilde Deutschlands und da kann man schon mal ein kleines Museum einrichten und einige der Schätze, die sich in über 800 Jahren angesammelt haben, zeigen. So finden sich in dem Gildemuseum auf dem Gelände des Wallmuseums Objekte des Gildelebens, wie Fahnen, Königsketten usw. sowie Schenkungen von Königen und Kaisern. Neben

der Traditionspflege und Pflege der plattdeutschen Sprache ist der Beistand für Hinterbliebene von Gilde-Mitgliedern noch immer Teil des Gildelebens. Größtes Ereignis ist das alljährliche Vogelschießen im Juni – nicht nur für die Gildemitglieder, sondern für ganz Oldenburg und Umgebung.

Gildemuseum
Prof.-Struve-Weg 1
23758 Oldenburg i. H.
T. 04361 62 31 42
www.oldenburger-wallmuseum.de/das-museum/gildemuseum
April bis Oktober
Di–So 10–17 Uhr

3 Erleben
Oldenburg

Romanische Basilika mit barocker Turmhaube

Wenn Sie auf die Altstadt von Oldenburg blicken, beispielsweise von der historischen Wallanlage aus, sehen Sie die Kirche mit ihrer barocken Turmhaube von 1778. Die Kirche selbst ist deutlich älter. Sie wurde 1156–1160 vom letzten Oldenburger Bischof Gerold als romanische Basilika erbaut und gilt als eine der ältesten Backsteinkirchen Nordeuropas. Ein noch älterer Vorgängerbau aus der frühen Zeit der Christianisierung wurde wohl bei einem Slawenaufstand im Jahre 1001 vernichtet. Während die Bausubstanz aus alter Zeit gut erhalten ist, so wurde die Innenausstattung bei einem Stadtbrand im Jahre 1773 fast vollständig vernichtet und die barocke Ausstattung mit Hochaltar und Kanzel stammt aus der Zeit nach dem Brandereignis. Lediglich zwei Sarkophage und ein Taufengel überlebten das Feuer. Vielleicht ergibt sich die Gelegenheit einem der Gottesdienste oder den Kirchenmusiken beizuwohnen? Und werfen Sie auch einmal einen Blick zum Bibelgarten, der sich an der Südseite der St.-Johannis-Kirche befindet!

St.-Johannis-Kirche
Wallstraße 3
23758 Oldenburg i. H.
T. 04361 24 59
www.johanniskirche-oldenburg.de
März–Oktober 10–17 Uhr

4 **Genießen**
Oldenburg

Das Eis am Markt

Direkt am Markt kann man bei schönem Wetter die Außensitzplätze der Eisdiele nutzen und den Blick auf den Markt und die Kirche genießen. Dazu kann man sich einen Milchshake oder ein Apfelschorle ordern; ebenso wie einen Krokant-, Amaretto- oder Eierlikör-Eisbecher. Natürlich gibt es das Eis auch auf die Hand zum Mitnehmen. Wählen kann man neben den Klassikern Schoko, Vanille, Erdbeere und Banane auch Mandel-Zitrone, Crème Brûlée, Grießbrei und Cappuccino. Die Kinder werden sich eher für die Geschmacksrichtungen Ü-Ei, Schlumpf oder Smarties begeistern.

Eis und mehr
Markt 26
23758 Oldenburg i. H.
T. 01525 58 51 528

5 **Entdecken**
Oldenburg

Bücher und mehr

Hier finden Sie eine Vollbuchhandlung, die fast jeden Buchwunsch erfüllen kann. Es gibt ein großes Angebot an Büchern und Karten über die Region.

Buchhandlung Ton & Text
Kuhtorstraße 5–7
23758 Oldenburg in Holstein
T. 04361 5 26 60
www.tonundtext.buchkatalog.de

6 **Genießen**
Oldenburg

Der Landlord lädt zu einem kleinen Bierchen

An der Straße, die in Richtung Göhl aus Oldenburg nach Westen hinausführt, liegt das Restaurant Landlord. In den beiden Gasträumen finden sich ein geräumiger Tresen und ein dänischer Kaminofen. Es gibt ein seperates Raucherzimmer und im Sommer sitzt man gern im kleinen Biergarten. Angeboten werden Calzone, Spaghetti, Pizza und diverse Salate. Gebackene Ofenkartoffeln, Fleischgerichte und Vegetarisches kommen hinzu und die Croques gibt es in den klassischen Variationen Madame und Monsieur, aber auch Croque Hawaii und Vegetarisch sind verfügbar. Am Abend kann man sich im Landlord zu einem kleinen Bierchen einfinden und muss sich zwischen den sieben angebotenen Sorten vom Faß entscheiden.

Kneipe u. Restaurant Landlord
Göhler Straße 44
23758 Oldenburg i. H.
T. 04361 82 30
www.landlord-oldenburg.de

7 **Entdecken**
Oldenburg

Der gläserne Werkstattladen – Talente Haus

Die Ostholsteiner ist ein gemeinnütziges Unternehmen, das sich für die Belange und Interessen von Menschen mit Beeinträchtigung u. a. in den Bereichen Wohnen, Arbeiten, Bildung, Ausbildung und Freizeit engagiert. In dem Werkstattladen kann man allerlei nützliche und interessante Dinge erwerben, die in den Werkstätten für angepasste Arbeit von Hand gefertigt wurden. So gibt es Keramikartikel wie Vasen, Tassen und Figuren, Vogelhäuser und Nisthilfen, Segeltuchtaschen, Kerzen und stilvolle Leuchten aus Holz oder Beton. Im Angebot aus anderen Werkstätten finden sich zudem besondere Spiele, Postkarten, Kunst & Handwerk, Gartendekos, Fairtrade-Kaffee und -Tee, Schokolade und vieles mehr. Auch das in einem historischen Backsteingebäude mit zwei Außenterrassen befindliche Stadt-Café am Markt und das Lichtblick-Filmtheater in der Schuhstraße in Oldenburg werden von den Ostholsteinern betrieben.

Talente Haus Oldenburg
Göhler Straße 60
23758 Oldenburg i. H.
T. 04361 90 88 21
www.die-ostholsteiner.de/index.php/de/talentehaus
Mo–Mi 10–16 Uhr, Do, Fr 10–18 Uhr, Sa 10–16 Uhr

Märchen, Meditation und Meereslandschaften

Der in Lensahn geborene und in Oldenburg aufgewachsene Künstler Kay Konrad besitzt zwischen Oldenburg und Weißenhäuser Strand in einer alten Scheune ein Atelier und betreibt eine Galerie. In der Galerie sind stets um die 50 seiner Originalmotive zu sehen und Kunstdrucke und Postkarten nicht mehr vorrätiger Werke. Auch Bilder anderer Künstler werden gezeigt. Als bevorzugte Techniken setzt er Acrylmalerei und Gouachen ein und neben den Themen Meditation, Märchen und phantastische Bilder gibt es auch viele Blumen- und Landschaftsmotive. Die ostholsteinische sanft hügelige Jungmoränenlandschaft mit Seen, Wäldern und Bächen sowie die Ostsee mit Steilufern und Binnenseen finden sich zu allen Jahreszeiten realistisch und doch idealisiert eingefangen. Wenn Sie eine schöne Ansicht der Ostsee lieben, die Sie gern gemalt haben möchten, können Sie sich vertrauensvoll an den Künstler wenden. Er macht auch Auftragsarbeiten mit den Schwerpunkten Landschaft, Meditation und Märchen, aber ebenso Porträts und Hausansichten.

Atelier und Galerie Kay Konrad
Dorfstraße 15a
23758 Kleinwessek
T. 04361 15 21
www.kaykonrad.de
(nach telefonischer Anmeldung)

9 **Entdecken**
Lensahn

Übernachtung im Torhaus eines adeligen Gutes

Nördlich von Lensahn liegt das in der ersten Hälfte des 16. Jahrhunderts aus einer Erbteilung hervorgegangene Gut Petersdorf. Nach mehrmaligem Eigentümerwechsel ist seit 1908 die Familie von Ludowig Besitzer des Anwesens und betreibt auf etwa 400 Hektar eine reine Ackerbaulandwirtschaft, nachdem die Rinderhaltung Ende der 1960er Jahre eingestellt worden ist. Das Ensemble besteht aus dem klassizistischen, hell verputzten Herrenhaus, einem Speicher, einem Fachwerk-Wagenschuppen, einem weitläufigen Park und dem Torhaus. Die denkmalgeschützte Anlage ist von einem Burggraben umgeben. Übernachten kann man zwar nicht im Herrenhaus, aber immerhin im Torhaus, in dem moderne Ferienwohnungen eingerichtet worden sind. Das wäre doch einmal etwas Besonderes in einem alten Guts-Torhaus aus dem Jahre 1867 zu nächtigen!

Gut Petersdorf
Petersdorfer Allee, Gut
23738 Lensahn
T. 04363 90 51 91 u. 0177 32 27 590
www.gutpetersdorf.de

kranken die Teilnahme am Gottesdienst von außerhalb der Kirche ermöglichte.

St.-Katharinen-Kirche
Eutiner Straße 6
23738 Lensahn
T. 04363 16 13
www.kirche-lensahn.de

10 Erleben
Lensahn

Wuchtiger Kirchenbau mit kompaktem Turm im Stadtzentrum

Auffällig an der St.-Katharinen-Kirche ist das lange Kirchenschiff mit dem in Vergleich dazu relativ gedrungen und niedrig, aber dennoch wuchtig wirkenden Turm. Der um 1245 begonnene frühgotische Backsteinbau war zunächst wohl eine einfache Kastensaalkirche, Gewölbe, Chor und Turm wurden erst später hinzu gefügt. Die gotländische Kalksteintaufe ist das älteste Inventarstück der Kirche und befand sich bereits zur Anfangszeit in der Kirche. Später kamen der Peter und Paulus Altar (um 1430), das Triumphkreuz (um 1500) und die tulpenförmige Hochkanzel (um 1740) hinzu. Die fünf Glasfenster im Altarraum sind neueren Datums. Bei den kleinen Anbauten handelt es sich um Grabkapellen. Interessant ist auch das zugemauerte Pestfenster an der Südseite, das Pest-

11 Entdecken
Lensahn

Großes Angebot an neuen und antiquarischen Büchern

Hier trifft der Spruch von Cicero zu: „Ein Raum ohne Bücher ist wie ein Körper ohne Seele." Erstaunlich, dass Jörg Storath und seine Mannschaft in diesem verwinkelten Wirrwarr die Bücher finden, die Sie haben wollen.

Buchladen Lensahn
Bäderstraße 8A
23738 Lensahn
T. 04363 90 51 69
www.buchladen-lensahn.de

12 Entdecken und Erleben
Lensahn

Landwirtschaft vergangener Zeiten

Historische Landwirtschaft und altes Handwerk sind die Ausstellungsschwerpunkte im Museumshof. Auf dem vier Hektar großen Gelände werden diverse landwirtschaftliche Geräte, alte Arbeitstechniken und Handwerksarbeiten sowie Haus- und Hoftiere wie Ponys, Ziegen, Gänse, Hühner und weitere gezeigt. Auch ein Naturlehrpfad, verschiedene Gärten, Museumsfelder und ausgedehnte Alleen mit zahlreichen Gehölzarten und vielen unterschiedlichen Obstsorten gehören zum Museum. Themenführungen, Kräuter-Seminare, außerschulische Lehrveranstaltungen und Erlebnistage unterschiedlicher Art wie Apfeltage, Pferdetage, Schafsmarkt, Erntedank, Bienenerlebnistage, Flohmärkte und weitere finden regelmäßig statt. Stärken kann man sich in der Museumsgastronomie bei Holsteinischer Küche und Kaffee und Kuchen. Ein schönes Erlebnismuseum, in dem die ehemaligen Traditionen bäuerlichen Lebens und alten Handwerks lebendig und anschaulich präsentiert werden.

Museumshof Lensahn
Bäderstraße 18
23738 Lensahn
T. 04363 91 122
www.museumshof-lensahn.de
April bis Oktober 10–18 Uhr

13 Erleben
Lensahn

Badevergnügen für die ganze Familie

Das Waldschwimmbad befindet sich idyllisch zwischen Mühlenteich und Waldkurpark. Beheizte Becken bis zu 50 m Länge, 1-, 3- und 5 m-Sprungmöglichkeiten, Nichtschwimmer- und Kinderplanschbecken und Liegewiese ermöglichen einen geruhsamen Familien-Badetag. Eine kleine Wanderung von 2,3 km um den Mühlenteich oder eine Partie Boule auf der Bahn im Kurpark sind ebenfalls möglich. Und wer mit dem Wohnmobil anreist, findet direkt am Waldschwimmbad einen Stellplatz. Im Jahr 2021 feiert die kleine Badeanlage ihr 50jähriges Jubiläum.

Waldschwimmbad Lensahn
Doktor-Julius-Stinde-Straße 13
23738 Lensahn
T. 04363 851
www.waldschwimmbad-lensahn.de
Mitte Mai bis Mitte September
10–20 Uhr

14 Genießen
Lensahn

The American Way of Life

Eine Szenerie wie man sie in unzähligen Hollywood-Filmen gesehen hat: Hier im holsteinischen Hinterland kann man sie live erleben. An der Autobahnabfahrt Lensahn der A1 befindet sich die silberglänzende original amerikanische Diner-Möglichkeit. Der 1998/99 in Orlando/Florida gebaute Chrome-Diner wurde per Truck und Schiff angeliefert und vom Barhocker bis zum Salzstreuer stammt alles von namhaften Ausstattern in den USA. Auch die Gerichte sind original und mit Saucen aus eigener Herstellung. Die Chrome Burger sind benannt nach amerikanischen Fahrzeugen wie Dodge, Buick, Chevy und Plymouth, die Kindergerichte heißen beispielsweise Dagobert Duck oder Tick, Trick oder Track und bei der Frühstücksauswahl kann man zwischen James Dean, Buddy Holly oder Marylin Monroe wählen.

Chrome American Diner
Dieselstraße 1a
23738 Lensahn
T. 04363 90 14 86
www.chrome-diner.de
Di–So 12–22 Uhr,
Mo Ruhetag

15 Erleben und Genießen
Harmsdorf

Schinken seit 1663 aus der alten Räucherkate

Geräuchert wird bei Braasch nur in der kalten Jahreszeit von Oktober bis Mai – und zwar mit Buchenholzspänen in der 350 Jahre alten Räucherkate. Danach geht es in die monatelange Lufttrocknung. Machen Sie bei einer der kostenlosen Führungen durch die Kate mit und staunen über die endlosen Reihen von der Decke baumelnder Schinken und das rauchige Ambiente. Den Hausbalken sieht man an, dass hier schon länger geräuchert wird. Im nahe gelegenen Verkaufsladen kann man sich mit Echtem Holsteiner Katenschinken, Spezialitäten vom Susländer Schwein, aber auch mit Wurstspezialitäten, Brotaufstrichen, Wildfleisch sowie Räucherkäse und Fisch eindecken. Es gibt zudem die entsprechenden Gewürze, scharfe Messer und fertige Präsentkörbe in verschiedenen Ausfertigungen zu kaufen.

Braasch's Schinkenräucherei
Hauptstraße 25
23738 Harmsdorf
T. 04363 16 43
www.schinken-braasch.de
Mo–Fr 9–18 Uhr, Sa 9–13 Uhr
(November bis März verkürzte Öffnungszeiten)

16 Erleben
Schönwalde

Die höchste Erhebung des Landes

Nicht weit von Lensahn oder Neustadt entfernt liegt in der Holsteinischen Schweiz mit einer Höhe von 167,4 m der höchste Berg Schleswig-Holsteins, der Bungsberg. Auf dem Gipfel steht neben dem Sender Bungsberg, der 1863/64 erbaute, zwischenzeitlich erhöhte und heute 22 m hohe Elisabethturm, der als Ausstellungsgebäude genutzt wird. Von dem ebenfalls auf dem Berg befindlichen 179 m hohen Fernmeldeturm hat man von der Aussichtsplattform in 42 m Höhe einen schönen Ausblick auf die hügelige, durch Eiszeiten geformte, ostholsteinische Landschaft bis zur Ostsee. Um den Bungsberg gibt es verschiedentliche Wandermöglichkeiten.
So führen auch die beiden Fern-

wanderwege E1 und E6 hier entlang. Zudem entspringt die Schwentine, einer der längsten Flüsse des Landes, am Bungsberg und an Selbigem befindet sich das einzige Wintersportgebiet Schleswig-Holsteins - wenn es denn mal wieder ausreichend schneien sollte.

Bungsberg bei Schönwalde
www.holsteinischeschweiz.de/bungsberg
www.nnrf.de

17 Erleben
Schönwalde

Von Feuer, Wasser, Luft und Erde

Auf dem Bungsberg fallen bei der Ankunft sofort die Gletscherrinne, drei finnische Kotas, ein Kleinkinderspielplatz und etwas abgelegen ein Waldspielplatz und ein Lehmplatz auf. Diese sind frei zugänglich und gehören zu dem außerschulischen Lernort Bungsberg der Stiftungen der Sparkasse Holstein. Hier wird kleinen Kindern in dem Bildungs- und Naturerlebnisort in Projekten und Veranstaltungen spielerisch ein besonderes Naturerleben und Naturverständnis vermittelt. Anhand der vier Elemente und ihrer Bedeutung wird den Veranstaltungsteilnehmern die wechselvolle Geschichte des Berges von der Eiszeit bis heute ganzheitlich erklärt.

Erlebnis Bungsberg
Bungsberg 3
23744 Schönwalde
T. 04537 70 70 016
www.erlebnis-bungsberg.de

18 Genießen
Schönwalde

Einkehr auf dem Berggipfel

Die ehemalige Waldschänke, die direkt neben dem Elisabethturm auf dem Bungsberg liegt, ist nun das Café & Restaurant „168 ü. NN" und bietet Einkehrmöglichkeiten für Kaffee und Kuchen sowie Mittag- und Abendessen. Der Schwerpunkt liegt auf deutscher und regionaler Küche, aber es werden auch mediterrane Kreationen angeboten. Ebenso können vegane und vegetarische Gerichte geordert werden. Für die Kinder gibt es neben einer Kinderecke auch nahe gelegene Spielplätze und den erwähnten Naturerlebnisbereich. Bei schönem Wetter kann man sich im Außenbereich platzieren, ansonsten sitzt man sehr gemütlich im Wintergarten.

Café & Restaurant 168 ü NN
Bungsberg 1a
23744 Schönwalde
T. 04528 91 38 880
www.cafe-restaurant-168-uenn.eatbu.com
Fr–Sa 12–19.30 Uhr

19 **Entdecken**
Schönwalde

Natur-Kunst aus der Region
Es lohnt sich auch einen Blick in das Stiftungsgebäude der Sparkassen-Kulturstiftung Ostholstein auf dem Bungsberg zu werfen. Dort finden regelmäßige und wechselnde Kunstausstellungen statt, die sich vor allem mit dem Thema „Natur" auseinandersetzen. Der Schwerpunkt liegt auf den Aktivitäten von Künstlern aus der Region und neben Malerei, Zeichnungen und Fotografien werden auch Skulpturen gezeigt.

Elisabethturm & Stiftungsgebäude
Zum Burgsberg 99
Stiftungen der Sparkasse Holstein gGmbH
Hagenstraße 19
23744 Schönwalde
T. 04537 70 70 00
www.stiftungen-sparkasse-holstein.de
Mo–Fr 10–15 Uhr,
Sa u. So 11–15 Uhr

20 Entdecken
Schönwalde

Natur und Religion um die alte Dorfkirche des Ortes

Die 1240 erstmals erwähnte Kirche besitzt einen schlanken, neugotischen Kirchturm, der erst in den Jahren 1852–1857 ergänzt wurde. Im Innern finden Sie neben dem Altar von 1762 mit Figuren der vier Evangelisten eine aus Eichenholz geschnitzte Kanzel (1647), einen Taufengel und ein Fürstengestühl. Um die Kirche lohnt sich ein Besuch des 4,5 ha großen Naturerlebnisraumes, der das Pfarrhofensemble aus Pastorat, Gemeindehaus und Pfarrscheune sowie den Obst- und Pfarrgarten und umliegende Flächen umfasst. Alte, extensiv beweidete Landschaften, Gewässer und Kleinlebensräume, die vor allem nach Naturschutz- und Artenschutzbelangen gestaltet wurden, sind zu besichtigen. Zudem führt ein spiritueller Kreuzweg über das Gelände.

Kirche und Naturerlebnisraum Schönwalde
Evangelisch-Lutherische Kirchengemeinde Schönwalde
Jahnweg 2
23744 Schönwalde
T. 04528 92 55
www.kirche-schoenwalde.de

21 Erleben
Schönwalde

Schul- und Dorfleben in früheren Zeiten

Direkt am idyllischen Dorfweiher im Zentrum Schönwaldes liegt das Dorf und Schulmuseum, das sich in dem ehemaligen Schulgebäude von 1823 befindet. Ein komplett mit historischem Schulmobiliar eingerichteter, ehemaliger Klassenraum der Hauptschüler erinnert an das Schulleben früherer Zeiten am authentischen Ort. Bis 1973 gingen die Schüler jeden Schultag in das Gebäude. Das Museum gibt Einblicke in die Arbeits- und Lebenswelt der Bauern, Handwerker, Hausfrauen und Kinder im späten 19. und frühen 20. Jahrhundert.

Dorf- und Schulmuseum Schönwalde
Am Ruhsal
23744 Schönwalde
T. 04528 91 07 75
www.dorfmuseum-schoen-walde.de
15. Mai bis 30. September Di u Fr 16–18 Uhr,
Juli u. August auch So 16–18 Uhr

Hohwachter Bucht

1 Genießen

Weissenhaus

Nobel Residieren im strahlenden Herrenhaus

Die Geschichte des Schlossgutes Weissenhaus geht bis ins 16. Jahrhundert zurück. Der Name bezieht sich auf den weißen Anstrich des Herrenhauses, der bis heute das schlossartige Gebäude prägt. Das Herrenhaus brannte im Jahr 1896 komplett nieder und wurde danach neu errichtet und im Jahr 2014 nach neuerlichen umfassenden Renovierungen als Grand Village Resort & Spa am Meer eröffnet, das seitdem als noble Hotelanlage mit zahlreichen Zimmern, Suiten und Häusern Gästen zur Verfügung steht. Die komfortablen Übernachtungsmöglichkeiten sowie die umfänglichen Kunst-Spa-, Event- und Kulinarik-Angebote dürften kaum Wünsche offen lassen. Und wenn es im Schloss mal voll ist, haben Sie auch noch die Möglichkeit Zimmer und Suiten im Backhaus, im Gärtnerhaus, in der Stellmacherei, in der Meierei oder im Torhaus zu beziehen.

Weissenhaus
Grand Village Resort & Spa am Meer
Parkallee 1
23758 Weissenhaus
T. 04382 92 620
www.weissenhaus.de

2 Genießen
Weissenhaus

Hochdekorierte Sternenküche im vornehmen Ambiente

Das kulinarische Angebot im Weissenhaus Grand Village Resort & Spa am Meer ist ebenso nobel und hochklassig wie das Übernachtungsangebot (s. vorhergehenden Tipp). Im Courtier zum Beispiel wird Ihnen eine klassische Gourmetküche geboten, die vom Küchenchef Christian Scharrer geleitet wird. Der hochdekorierte Koch besitzt nicht nur zwei Sterne aus dem Guide Michelin, sondern diverse Punkte, Kochmützen, Pfannen, Kochlöffel und mehr aus anderen Restaurantführern. Sie können zwischen einem Drei- oder Vier-Gänge-Menü wählen. Lassen Sie sich überraschen, was der Meisterkoch auf den Teller zaubert. Unbedingt reservieren!

Restaurant Courtier
Weissenhaus Grand Village Resort
Parkallee 1
23758 Weissenhaus
T. 04382 92 620
www.weissenhaus.de
Di–Sa ab 18.30 Uhr,
So, Mo Ruhetag

3 Genießen
Weissenhaus

Kulinarischer Genuss mit Strand- und Meerblick

Was vom Namen her als Bootshaus etwas schlicht und einfach klingt, kommt als äußerst vornehmes und hochklassiges Restaurant in exquisiter Lage daher. Es gehört zusammen mit weiteren kulinarischen Angeboten ebenfalls zum Hotelkomplex Weissenhaus Grand Village Resort. Die Lage ist hervorragend. Von der windgeschützten Terrasse unter Sonnensegeln blickt man aufs Meer, auf Strand, Dünen und Steilufer. Hier gibt es Klassiker aus dem Meer, regionale Gerichte und Kreationen nach dem Vorbild der internationalen Küche. Eine rechtzeitige Reservierung ist dringend erforderlich!

Restaurant Bootshaus
Weissenhaus Grand Village Resort
Strandstraße 4 (Anfahrt und Parken via Seestraße/K48)
23758 Weissenhaus
T. 04382 92 620
www.weissenhaus.de/kulinarik/bootshaus.html
tgl. 12–17 Uhr,
Abendservice 18–20 Uhr u. 20.30–22.30 Uhr

4 Entdecken und Erleben
Weissenhäuser Strand

Das volle Entertainment-Programm im Freizeitpark

Wem es im heutigen Luxusresort des früheren Herrenhauses vom Gut Weissenhaus zu teuer ist, der kann es im nahe gelegenen Ferien- und Freizeitpark Weissenhäuser Strand im Strandhotel, in Ferienhäusern und Ferienwohnungen etwas günstiger haben. Vor allem Familien nutzen die Möglichkeit und finden sich rundum versorgt. Neben kilometerlangem Ostseestrand, der durch das Naturschutzgebiet „Weissenhäuser Brök" vom Freizeitpark getrennt ist, gibt es in dem Komplex ein Indoor-Badeparadies und weitere Unterhaltungsangebote (s. nachfolgende Tipps), die auch von auswärtigen Gästen besucht werden können. Zudem gibt es Adventure Golf, das Originaltor der Fußballweltmeisterschaft 2014, auf das man spielen kann, die Falknerei Walter mit Flugshows, eine Strandreitschule und viele weitere Attraktionen und Veranstaltungen. Diverse gastronomische Einrichtungen auf dem Gelände sorgen für das leibliche Wohl. Eigentlich brauchen die Gäste das Gelände nicht zu verlassen – allenfalls, um eine Partie Fußballgolf zu spielen, denn der Platz liegt etwa 1 km entfernt (s. Tipp 8).

Ferien- und Freizeitpark Weissenhäuser Strand GmbH & Co.KG
Seestraße 1
23758 Weissenhäuser Strand
T. 04361 550
www.weissenhaeuserstrand.de

5 Erleben und Genießen

Weissenhäuser Strand

Wassererlebniswelt auf mehr als 10.000 m²

Es kann ja mal regnerisch sein und auch im Winter ist das Bad in der Ostsee nicht Jedermanns Sache; dann kann man sich einfach in die Subtropen zurückziehen und dort das Badeerlebnis genießen. Das Badeparadies und die Wassererlebniswelt im Ferien- und Freizeitpark Weissenhäuser Strand bietet Spass und Erholung für die ganze Familie. Neben der Wasserspiellandschaft „Water World", dem Wellenbad, der Piranhagrotte und der Sprayarena gibt es zahlreiche Rutschen: eine 214 m lange Reifenrutsche, eine 156 m lange Effektrutsche, eine 70 m lange Turborutsche sowie eine Steilrutsche. Etwas geruhsamer zu geht es in der Saunalandschaft, der Whirlpoolgrotte, dem Kleinkinderpool und auf der 900 m² großen Liegefläche.

Subtropisches Badeparadies

Ferien- und Freizeitpark Weissenhäuser Strand

Seestraße 1
23758 Weissenhäuser Strand
T. 04361 55 27 61
www.subtropisches-badeparadies,de
www.weissenhaeuserstrand.de
tgl. 9.30–20.30 Uhr

6 Erleben
Weissenhäuser Strand

Mit Elan übers Wasser brettern

Ob auf einem oder zwei Brettern, hier in der Wassersportanlage Wakeboard, Wasserski und Co. (Wawaco) geht es mit ordentlichem Schwung über das Wasser. Man kann als Anfänger in das spezielle Wassersport-Metier einsteigen und für Fortgeschrittene empfiehlt sich dann ohnehin die Wochenkarte, um die 600 m lange Bahn, großen und kleinen Kicker, Table, Funbox und DK Up Tube nutzen zu können. Es gibt eine Innen- und Außengastronomie mit Sonnenterrasse, zwei Volleyballfelder und Trampolin. Die kleinen Gäste können sich derweil im Streichelzoo mit den Ziegen und Schafen verlustieren.

Wakeboard, Wasserski und Co. (WAWACO)
Ferien- und Freizeitpark Weissenhäuser Strand
Seestraße 1
23758 Weissenhäuser Strand
T. 04361 55 27 55
www.wawaco.de
www.weissenhaeuserstrand.de
Tagesaktuelle Öffnungszeiten, s. Homepage

7 Entdecken und Erleben
Weissenhäuser Strand

Nicht nur für Schlechtwetter und Winterzeit

Im Dschungelland gibt es nicht nur allerlei Tiere wie Schlangen, Kaimane, Echsen, Frösche, Streifenhörnchen und Insekten zu beobachten, sondern es finden sich zahlreiche weitere Attraktionen auf dem 6.500 m² großen Areal: Europas größtes Bällebad, Hochseilgarten und Kletterwand, verbotener Tempel, Spiegellabyrinth, Goldwasch-Anlage, Rollenrutsche, 4D-Piratenkino, um nur Einiges zu nennen. Eine Stärkung kann man im Dschungel-Restaurant genießen und im Obergeschoß warten weitere Aktivitätsmöglichkeiten wie Poolbillard, Tischtennis, Badminton, Basketball, Fußball und Airhockey.

Abenteuer Dschungelland
Ferien- und Freizeitpark Weissenhäuser Strand
Seestraße 1
23758 Weissenhäuser Strand
T. 04361 55 28 12
www.weissenhaeuserstrand.de
tgl. 10–22 Uhr

8 Erleben
Weissenhäuser Strand

Fußballgolf – aus zwei Sportarten eine neue

Diese Mischung aus Fußball und Golf ist in den 1980er Jahren in Schweden entstanden und es gibt mittlerweile nationale und internationale Meisterschaften in dieser anerkannten Sportart. Es geht beim Fußballgolf, wie beim Golf darum, mit möglichst wenigen Schüssen des Fußballs das Ziel zu erreichen. Es wird immer von dort weitergespielt, wo der Ball gelandet ist. Auf dem 4,5 ha großen Gelände gibt es 18 Bahnen mit jeweils unterschiedlichen Schwierigkeiten und Schikanen. Und dann kann man auch noch eine Partie Fußball-Darts wagen. Hier wird mit einem Fußball auf eine 5,5 m hohe Dartscheibe gespielt, an der die Bälle aufgrund des Klett-Belages anhaften.

Fußballgolf
Ferien- und Freizeitpark Weissenhäuser Strand
Seestraße 1
23758 Weissenhäuser Strand
T. 04361 55 0
www.weissenhaeuserstrand.de
Mai bis Oktober tgl. 10–18 Uhr

9 Entdecken
Farve

Übernachtung im Mühlen-Anwesen

Wenn man auf der B202 zwischen Lütjenburg und Oldenburg unterwegs ist, fällt einem die hübsche, renovierte, dreistöckige Erdholländermühle bei Farve gleich ins Auge. Besonders, wenn Raps um die Mühle angebaut wird und im Mai zur Blüte kommt, ergibt sich ein hübsches Bild mit der denkmalgeschützten Mühle auf der Anhöhe. Die bereits 1828 für das nahe gelegene Gut Farve als Ersatz für eine Wassermühle errichtete Windmühle wird heute nach umfassender Renovierung als Ferienwohnung genutzt. Das wäre doch vielleicht einmal eine etwas originellere und andere Art der Ferien-Übernachtung?

Die Farver Mühle
www.muehle-farve.de

10 Entdecken
Kaköhl

Auf den Spuren unserer steinzeitlichen Vorfahren

An der Bundesstraße 202 bei Kaköhl weist ein Schild des Landesamtes für Denkmalschutz auf eine vorgeschichtliche Anlage, die sich etwa 300 m südlich der Straße befindet. Es handelt sich um Reste von drei Großsteingräbern (Buschkate 1 bis 3), die etwa 2.700-2.500 v. Chr. erbaut wurden. An dem am besten erhaltenen Langbett sind vier der sechs Decksteine, sechs Tragpaare und ein Abschlussstein vorhanden. Über den Totenkult der jungsteinzeitlichen Siedler ist wenig bekannt, aber man hat Trichterbecher, Bernsteinschmuck und Steinwerkzeuge in den Grabkammern gefunden.

Großsteingräber bei Kaköhl
Buschkate 1–3,
Gemeinde Blekendorf

11 Genießen
Blekendorf

Schmackhafte Säfte und Weine aus eigener Produktion

Seit 2010 produziert die kleine Wein- und Saftmanufaktur zwischen Ostsee und Holsteinischer Schweiz hochwertige Biosäfte und Weine. In dem ökologisch bewirtschafteten Betrieb werden neben Quitten, Birnen und Hauszwetschgen vor allem alte und robuste Apfelsorten wie Roter Berlepsch, Finkenwerder Herbstprinz, Holsteiner Cox und Goldparmäne angebaut. Es wird nur reif geerntetes Obst, kein Fallobst, verwendet und schnell verarbeitet. Die Reifung erfolgt in französischen Eichenfässern nach dem Sherryverfahren. Die Produkte, zu denen auch reine Fruchtaufstriche und im Herbst frisches Obst gehören, können im Hofladen erworben werden. Besonders beliebt ist der tiefrote Saft der aus Nordamerika stammenden Apfelbeere (Aronia melanocarpa), die ebenfalls auf mittlerweile fünf Hektar angebaut wird. Der hohe Gehalt an Anthocyan macht die Aronia zu einer gesundheitlichen Powerpflanze, indem sie freie Radikale im Körper unschädlich macht und u. a. das Immunsystem stärkt. Da sollte man sich vielleicht auf dem Weg mal ein Fläschchen mitnehmen!

Baltica Saft- und Weinmanufaktur
Blekendorfer Berg 9
24327 Blekendorf
T. 04381 76 98
www.manufaktur-baltica.de
Juli, August, Mi 12–16 Uhr,
Fr 16–18 Uhr, Sa 10–14 Uhr,
September bis Juni Sa 10–14 Uhr

12 Entdecken
Blekendorf

Feldsteine, Backsteine und Schiefer

Der Bau des frühgotischen Gotteshauses in Blekendorf geht auf das Jahr 1227 zurück und 1255 wird die Kirche erstmalig erwähnt. Benannt ist sie nach der Heiligen Clara von Sciffi, einer Begleiterin von Franz von Assisi. Das Kirchenschiff ist aus zwei Reihen von Feldsteinen gemauert; der etwa 200 Jahre später erbaute 56 m hohe Turm besitzt im unteren Teil ebenfalls Feldsteine, darüber folgen Backsteinmauern und die Turmspitze ist mit Schiefer gedeckt. Nach Bränden in den Jahren 1906 und 1910 wurde der Turm jeweils neu errichtet. Im Innern sind das spätgotische Chorgestühl, die Renaissance-Kanzel, der Altar, die Taufe und der Kletkamper Stuhl sehenswert.

St. Claren-Kirche Blekendorf
Lange Straße 38
24327 Blekendorf
T. 04381 43 01
www.kirche-blekendorf.de

13 Erleben
Futterkamp

Abenteuer, Attraktionen und Aktivitäten

In der Abenteuerwelt von Filippo kommen die Kinder voll auf ihre Kosten: Riesen-Trampolin, Gartengolf, Wasserspielplatz, Strohburg in der Spielscheune, GoKart-Bahn, Maislabyrinth und Spielturm mit Seilbahn sind nur einige der Attraktionen. Im Streichelzoo warten Hühner, Kaninchen und Ziegen auf Zuwendung. In den Obstanlagen können Äpfel, Blaubeeren, Erdbeeren und andere Früchte geerntet werden, in den Tomatenhäusern reifen die schmackhaften Tomaten. Die Eltern können derweil im Bauernhof-Café zu hausgemachten Kuchen einkehren oder im Shop stöbern, wo es Säfte, Gelees, Essig, Lübecker Marzilade (Marzipan & Frucht) und Blumen gibt, aber auch Ostseesalz und Obstweine aus kleinen Manufakturen werden angeboten. Obstbäume und Rosenstöcke kann man ebenfalls erwerben und gleich dazu das passende Garten-Deko aus Eisen, beispielsweise Rosenbögen, Staudenhalter und Gartenlichtständer.

Filippos Abenteuerwelt
Blekendorfer Berg 1a
24327 Futterkamp/Blekendorf
T. 04381 41 88 01
www.filippos-erlebnisgarten.de
9–19.30 Uhr (im Winter reduzierte Öffnungszeiten)

14 Erleben
Hohwacht

Immer ein bisschen Fischerdorf geblieben

Hohwacht ist geprägt durch Strand, Wald, Steilufer und Binnenseen. Es ist also einer der etwas ruhigeren Ostseeorte, wo man nicht nur genüsslich ein Bad in der Ostsee nehmen, sondern auch auf naturkundliche Entdeckungstour gehen kann. Für den Strand gibt es den barrierefreien Strandgenuss. Für Rollstuhlfahrer werden spezielle Strandrollstühle angeboten, mit denen man durch den Strandsand bis zur Wasserkante vorfahren kann. Der Beschluss, dass kein Haus im Ort höher als die Bäume sein darf, hat verhindert, dass Hochhäuser und ausgedehnte Freizeitparks hier entstehen konnten. Hier ist es möglich, sich auf sehr schöne naturkundliche Wander- oder Ostseeradtouren zu begeben.

Hohwachter Bucht Touristik GmbH
Berliner Platz 1
24321 Hohwacht
T. 043811 90 550
www.hohwachterbucht.de

15 Entdecken Hohwacht

Meeresaussichten

Ein wenig am Strand, auf der Promenade oder auf dem Hohen Ufer der Steilküste entlang zu flanieren ist sehr erholsam und bietet verschiedentlich herrliche Ausblicke aufs Meer. Im Osten etwas exponiert liegt der zwar nur 60 m lange Badesteg, der aber dennoch einen grandiosen Blick auf die Ostsee und die Bucht mit dem Sehlendorfer Binnensee liefert. Eine Treppe führt am Ende hinab ins kühlende Nass des Meerwassers. Etwas erhöht vom Strand auf dem Steilufer befindet sich nicht weit entfernt die Aussichtsplattform „Kiek ut“, von der aus der Blick bis nach Fehmarn reichen kann. Wahrzeichen des Ortes ist die „Hohwachter Flunder“, die noch ein Stück weiter gen Westen liegt und als kleine Seeplattform dem Hauptstrand vorgelagert ist. Auch den am Hauptstrand

gelegenen historischen Badehütten aus den 1950er Jahren sollte man ebenso wie dem kleinen Kurpark (mit Boule-Anlage) und der runden St-Jürgen-Kirche von 1961 einen Besuch abstatten.

Sehenswertes Hohwacht
www.ostsee.de/hohwacht/sehenswertes.html

16 Genießen Hohwacht

Kinderfreundliche Einkehr

Nur wenige Steinwürfe von der Ostsee-Wasserkante entfernt liegt, wie der Name schon sagt, das Seaside. Hier können Sie gut einkehren, wenn Sie Kinder dabei haben. Es gibt eine Spielecke, einen Spielplatz, Kindergerichte und auch sonst sind die kleinen Gäste willkommen. Das blauweiße Holzhaus mit schickem Gründach bietet auf zwei Terrassen reichlich Platz und doch kann es im Sommer voll werden. Sie können dort gleich mit einem Frühstück beginnen. Ansonsten bietet die norddeutsche Küche Fischgerichte, Einiges vom Grill, Vegetarisches, kleinere Snacks, Suppen und Salate. Und warum sollte es nicht auch mal eine Riesencurrywurst oder ein Burger sein?

Restaurant Seaside
Seestraße 14
24321 Hohwacht
T. 04381 41 48 60
www.seaside-hohwacht.de
tgl. ab 10 Uhr

17 Entdecken
Hohwacht, Sehlendorf

Naturerlebnis am Sehlendorfer Binnensee
Der östlich von Hohwacht gelegene Sehlendorfer Binnensee ist eine der letzten Ostseelagunen mit freiem Zugang der Ostsee in den Binnensee. Für den Naturfreund ist ein kleiner Spaziergang durch das Naturschutzgebiet unbedingt zu empfehlen. Schöne Aussichten auf Strandwälle, Salzwiesen, Brackwasserröhrichte und andere Küstenlebensräume ergeben sich und verschiedene Salzpflanzen wie Salzstrandmiere, Meerkohl, Meersenf oder an den Graben- und Uferrändern die blauviolette Strandaster können beobachtet werden. Eindrucksvoll sind die Bestände des Echten Eibisch, auch als Salzmalve bezeichnet, die sonst eine ausge-

sprochen seltene und gefährdete Pflanzenart ist. Auch die Vogelwelt hat Einiges zu bieten: Rotschenkel, Austernfischer, Sandregenpfeifer, Zwergseeschwalben, rastende Kraniche und Graugänse und diverse weitere Wasservögel lassen sich zum Beispiel von der Beobachtungsplattform im Gelände ausmachen. Künstlich angelegte Brutflöße ermöglichen vor allem den Flußseeschwalben erfolgreiche Bruten. Die Zunahme von eier- und jungvogelraubenden Tieren wie Fuchs, Mader, Waschbär, Igel und Anderen trägt offenbar bei vielen gefährdeten, bodenbrütenden Seevogelarten – zur großen Sorge des Naturschutzes –, seit einiger Zeit erheblich zur Gefährdung der Arten bei. Die wilden Weiden des Gebietes werden zur Pflege extensiv mit besonderen Haustierrassen wie Schottischen Highlandrindern beweidet.

Sehlendorfer Binnensee
www.schleswig-holstein.nabu.de/natur-und-landschaft/nabu-schutzgebiete/sehlendorfer-binnensee/02813.html

18 Genießen
Hohwacht

Schöne Alleinlage am westlichen Ende des Ortes - Das Genueser Schiff

Hier können Sie im Restaurant vornehm bei unterschiedlichen Fisch- und Fleischgerichten aus der klassischen, landestypischen Küche speisen oder im sommerlichen Strandkorb-Café nahe am Ostseestrand und mit Blick aufs Meer dinieren oder zu Kaffee und Kuchen sich niederlassen. Wenn Sie schon drei Tage vorher wissen, was Sie möchten, können Sie einen Blick in die 72-Stunden-Karte werfen und beispielsweise für einen besonderen Anlass oder ein Fest ein Gericht im Voraus aussuchen. Beliebt ist auch die original English Tea Time mit Sandwiches, Ingwerkeksen und Earl Grey Tee. Übernachten kann man in den Zimmern, Appartements und Ferienwohnungen im Genueser Schiff, zum Beispiel, wenn man eine der beliebten Lesungen und Veranstaltungen der „Literatur am Meer“ besucht.

Hotel Restaurant Bistro Genueser Schiff
Seestraße 18
24321 Hohwacht
T. 04381 75 33
www.genueser-schiff.de
tgl. 12–20.30 Uhr,
Di Ruhetag

19 Erleben
Hohwacht

Wanderung um den Großen Binnensee

Um Hohwacht ergeben sich verschiedene Wandermöglichkeiten. Sehr schön, wenn auch an Uferwegen mitunter etwas feucht, ist eine Umrundung des Großen Binnensees. Von Hohwacht geht es nach Hassberg und an den Großen Binnensee, dessen Uferareal hier als Naturschutzgebiet „Kronswarder und südöstlicher Teil des Großen Binnensees“ ausgewiesen ist. Vielleicht können wir Kormorane, die hier in einer Kolonie brüten, Bartmeisen oder verschiedene Wasservögel beobachten? Rechts geht es über die Kosau, die den Binnensee durchfließt und bei Lippe in die Ostsee mündet. Über Alte Burg wandern wir am Westufer am hübschen Gut Waterneversdorf mit einem klassizistischen Herrenhaus vorbei und kommen parallel zum Nordufer nach Lippe (Einkehrmöglichkeit im Klabautermann, s. nachfolgenden Tipp) und überqueren abermals die Kosau bevor es nach Hohwacht zurückgeht.

Wanderung Großer Binnensee

www.hohwachterbucht.de/w3-rund-um-den-grossen-binnensee.html

20 Genießen
Lippe

Vom Kutter in die Küche und auf den Teller

Die Lage direkt an der Ostsee und am nahen Hafen, wo die Fische fangfrisch eintrudeln, ist herrlich. Das Ambiente in der alten Reetdachkate ist rustikal, was sich auch außen mit ein paar Holzbänken und -tischen fortsetzt. Im Angebot ist vor allem Fisch in allerlei Variationen. Neben Dorsch gibt es Meerforelle, Steinbutt, Hering, Meeräsche und diverse weitere. Dazu eine schmackhafte Soße, etwas Salat und ein paar Bratkartoffeln und den herrlichen Ausblick auf die Ostsee und den Hafen, wo die Fische anlanden. Was will man mehr?

Restaurant Klabautermann

Lippe 3
24321 Behrensdorf/Lippe
T. 04381 82 50
www.klabautermann-lippe.de
tgl. 12–21 Uhr

21 Erleben
Hohwacht und Umgebung

Per Rad die Gegend erkunden

Mit dem Fahrrad lässt sich die Umgebung Hohwachts sehr schön erkunden. Es gibt einige ausgearbeitete Touren, beispielsweise ins Binnenland nach Lütjenburg und Panker. Auch ein paar Kilometer an der Ostsee entlang zu radeln ist immer ein Erlebnis und man kann dem Ostseeküstenradweg folgen, einem der Fernradwege des Landes. Richtung Osten geht es beispielsweise in Richtung Weissenhäuser Strand oder Fehmarn, in Richtung Kiel gen Westen. Es sind rund 55 km bis zur Landeshauptstadt und man kommt über Behrensdorf, Schönberger Strand, Brasilien und Kalifornien nach Laboe. Von dort kann man zwischen einer Fährfahrt mit der Fördeschifffahrt oder Fortsetzung des Landweges wählen, um in die Innenstadt zu gelangen. Eine schöne maritime Tagestour!

Radtouren
www.hohwachterbucht.de/radrouten.html
www.ostsee-schleswig-holstein.de/ostseekuesten-radweg.html

22 Erleben
Nessendorf

Esel hautnah erleben

Esel stehen hier ganz im Mittelpunkt und man kann sie beobachten, putzen, streicheln und mit ihnen auf Wanderung gehen. Darüber hinaus gibt es einen Kinderspielplatz mit Hüpfburg und Piratenschiff und in der Spielscheune steht ein 1:1 Holz-Nachbau eines CLAAS Lexion 780 Mähdreschers, den man zum Spielen erklettern kann, um ihn dann über die Superrutsche wieder zu verlassen. Besonders begeistern sich die Kinder für das Goldwaschen und für die Veranstaltung einer Geburtstagsfeier gibt es eigens das verwunschene Geburtstagshaus. Einkehren kann man im Hof-Restaurant „Vier Hufe“, wo die Riesen-Currywurst mit Pommes äußerst beliebt ist. Und im Effekt-Kino gibt es ein Filmchen zu sehen. Thema? Natürlich Esel-Abenteuer.

Esel- und Landspielhof Nessendorf
Wiesengrund 3
24327 Blekendorf
T. 04382 748
www.eselundlandspielhof.de
Mitte März bis 01. November
tgl. 10–18 Uhr

23 Erleben
Bellin

Baden in klarem Wasser

Der Selenter See ist der zweitgrößte See Schleswig-Holsteins und zudem der einzige der größeren Seen, der sich in einem guten ökologischen Zustand befindet. Die EU-Einstufung der Wasserqualität erfolgt stets mit der Bestnote „ausgezeichnet". Gute Voraussetzung für ein kleines Bad im klaren Wasser. Badestellen am Selenter See gibt es in Selent und Grabensee im Westen, am Nordufer bei Pülsen, im Osten bei Giekau und im Südzipfel des Sees in Bellin. Der kleine Ort an der Bundesstraße 202 bietet vom an der Straße gelegenen Parkplatz einen schönen Blick über den See und lädt mit seinen idyllischen Reetdachhäusern zu einem kleinen Rundgang. Es gibt auch einen Campingplatz, einen Imbiss, eine gastronomische Einrichtung und einen Fischverkauf (s. nachfolgenden Tipp). Den Strand erreicht man durch Unterqueren der Bundesstraße und auch die vierbeinigen Begleiter dürfen mit. Es gibt einen Hundestrand-Abschnitt.

Selenter See
www.hohwachterbucht.de/selent.html

24 Genießen
Bellin

Fischspezialitäten aus dem Selenter See

Wo das Wasser klar und sauber ist, gibt es eine reiche Lebenswelt, zu der auch die Fische gehören. Direkt am Ortseingang von

Selent kommend liegt die Fischerei Reese am Seeufer. In dem kleinen Laden kann man je nach Saison Aal, Bachforelle, Hecht, Karpfen, Saibling, Flußbarsch und andere Fische frisch oder geräuchert erwerben. Sie stammen aus Fischzuchten oder werden mit Netz und Reuse im Selenter See gefangen. Als besondere Spezialitäten aus tieferen Seen Norddeutschlands gelten die Große und Kleine Maräne. Erstere wird auch als Edelmaräne und die andere auch als Silbermaräne bezeichnet. Sie gehören zu den Lachsfischen (Salmonidae) und das helle, grätenarme Fleisch gilt als sehr aromatisch. Sitzbänke am See laden dazu ein, die Fischköstlichkeiten direkt vor Ort mit Blick auf das Herkunftsgewässer zu verspeisen.

Fischerei Reese
Am See 27
24238 Bellin
T. 04384 751
www.fischzucht-reese.de/ueberuns/bellin

25 Entdecken
Lütjenburg

Alte Gemäuer im Stadtzentrum

Ein kleiner Rundgang durch die Altstadt Lütjenburgs lohnt sich. Ein guter Ausgangspunkt ist die zentral gelegene St.-Michaelis-Kirche von 1220/30, ein einschiffiger, spätromanischer Backsteinbau. Nahe bei liegen das Alte Pastorat und der Markt mit Bürgerhäusern aus vier Jahrhunderten und auch dem ältesten Wohnhaus der Stadt von 1576, dem eindrucksvollen Färberhaus. Davor steht der Bürgerbrunnen „Hein Lüth", der einst im 19. Jahrhundert der Stadtausrufer in Lütjenburg war. Nahe dem Marktplatz stehen die Alte Kornbrennerei und das Rathausgebäude aus dem Jahre 1790. Auch die etwas abseits gelegenen, ebenfalls denkmalgeschützten Gebäude des Alten Posthofs und des Bäckerhauses sollte man in den Rundgang mit einbeziehen.

Stadtrundgang Lütjenburg
Tourist-Information Lütjenburg
Hohwachter Bucht Touristik GmbH
Markt 4
24321 Lütjenburg
T. 04381 41 99 41
www.hohwachterbucht.de
www.stadt-luetjenburg.de

26 Entdecken
Lütjenburg

Kompetenter und schneller Service
Hier am Markt gibt es eine Inhaber geführte Buchhandlung mit aktuellem Buchangebot, modernem Antiquariat und einer gemütlichen Sitzecke.

Buchhandlung am Markt
Markt 21
24321 Lütjenburg
T. 04381 4 14 10 17
www.ammarkt.buchhandlung.de

27 Erleben und Genießen
Lütjenburg

Ausblick zur Ostsee und in die Holsteinische Schweiz
Das Wahrzeichen der Stadt ist der 1898 erbaute Bismarckturm, der zwar nur eine Höhe von 18,5 m aufweist, aber da er zudem auf dem 60 m hohen Vogelberg gelegen ist, ergibt sich ein herrlicher Rundumblick. Anbei liegt das Hotel Ostseeblick mit geräumigen Zimmern und komfortablen Suiten, zu dem auch das neu-

artige Restaurant „Das Otto für Freunde" gehört. Hier gibt es keine Karte, sondern man bekommt das aufgetischt, was der Gastgeber an diesem Abend anbietet – so als wäre man bei Freunden zu Besuch.

Bismarckturm und Hotel Ostsee-Blick
Am Bismarckturm 3
24321 Lütjenburg
T. 04381 90 650
www.hotel-ostseeblick.de

28 Genießen
Lütjenburg

Umfangreiches Bio-Sortiment
Für Freunde der Biokost bietet der zentral nahe dem Marktplatz gelegene Bioladen Wurzelwerk ein umfangreiches Bio-Vollsortiment mit über 1800 Produkten. Frisches Gemüse, Brot und Gebäck vom Passader Backhaus sowie eine gut sortierte Käsetheke runden das Angebot ab. Täglich werden frische Suppen ebenso wie Kaffee und Kuchen und Smoothies serviert, die der eilige Besucher aber auch mitnehmen kann.

Bioladen Wurzelwerk
Markttwiete 6
24321 Lütjenburg
T. 04381 41 87 28
www.bioladen-wurzelwerk.de
tgl. 9–18 Uhr, Sa 9–14 Uhr

29 Entdecken
Lütjenburg

Namhafte Künstler zu Besuch

Die Liste bekannter Künstler, die bereits in der Galerie Richter ausgestellt haben, kann sich sehen lassen: Horst Janssen, Daniel Richter, Elenea von Hessen, Feridun Zaimoglu, Günter Grass, Armin Mueller-Stahl und Ulrike Theusner sind nur einige der Künstler-Namen, die in der Ausstellungs-Liste der Galerie erscheinen. Neben den regelmäßigen Wechselausstellungen gibt es eine reiche Auswahl an klein- und großformatigen Werken, seien es Grafiken, Radierungen, Lithografien, Unikate oder Kunstdrucke. Besonders zu erwähnen ist das Angebot an komischer Kunst.

Galerie Richter
Niederstr. 19
24321 Lütjenburg
T. 04381 41 63 390
www.galerie-richter.de
Mo, Di, Do, Fr 10–12.30 u. 15–18 Uhr, Mi 10–12.30 Uhr, Sa 11–14 Uhr

30 Entdecken
Lütjenburg

Zurück ins Mittelalter

Die ab 2002 nach verschiedenen Vorbildern rekonstruierte Turmhügelburg entspricht einer mittelalterlichen Wehranlage, wie sie aus der Zeit der Christianisierung der Region im 12. und 13. Jahrhundert ausgesehen haben könnte. Allein aus dem Kreis Plön sind über 40 solcher Wehranlagen bekannt, von denen allerdings keine erhalten ist. Im Zentrum befindet sich die Turmhügelburg, die aus Motte (Turmhügel) und Burg besteht und von einem Ringgraben mit einer Brücke umgeben ist. In der umliegenden Vorburg befinden sich Wirtschaftsgebäude, Ritterhaus, Schmiede, Kapelle, Kornspeicher sowie Backhaus und Brunnen. Belebt wird das Freilichtmuseum durch allerlei mittelalterliche Veranstaltungen und Rekonstruktionen des Alltagslebens und der handwerklichen Tätigkeiten. Bei den unterschiedlichen Mittelaltertagen,

Wikingerlagern, Vorträgen und Führungen begegnet man dann Rittern, Händlern, Barden und Spielleuten. Und wenn dann noch holde Harfenklänge und Bardengesänge erklingen, kann der Besucher sich mühelos in die mittelalterliche Zeit zurückversetzt fühlen.

Turmhügelburg Lütjenburg
Nienthal
24321 Lütjenburg
T. 0162 42 38 167
www.turmhuegelburg.de
tgl. 11–17 Uhr, Mo Ruhetag

31 Erleben
Lütjenburg

Die Bedeutung der Eiszeiten als Landschaftsgestalter

Vor etwa 20.000 bis 25.000 Jahren hatten die Gletscher der letzten Eiszeit, der Weichseleiszeit, ihre größte Mächtigkeit erreicht. Ihr Wirken hat die Landschaft im östlichen Schleswig-Holstein im Wesentlichen gestaltet: Die sanften Hügel, die Seen, Flußtäler und Förden gehen auf die Kräfte der aus Skandinavien herangeschobenen Eismassen zurück. Über die Bedeutung und den Einfluß der Eiszeiten, über das Leben der Rentierjäger an den Rändern der Vereisung, die

Zusammensetzung der Erd- und Gesteinsmassen aus Skandinavien und die Besonderheiten der Tier- und Pflanzenwelt informiert das Eiszeitmuseum mit eindrucksvollen Exponaten und Darstellungen. Führungen, Vorträge und Exkursionen vertiefen die Eindrücke und Informationen zu den Themen Klimaentwicklung, Eiszeiten und Erdgeschichte. Die besonders auch für Kinder geeigneten Veranstaltungen wie Bernstein schleifen, Fossilien präparieren, Speckstein bearbeiten oder Gesteinsbestimmungen vermitteln durch eigenes Erleben und Bearbeiten bleibende Eindrücke und verstandenes Wissen zu den Landschaft gestaltenden Kräften im Norden Deutschlands.

Eiszeitmuseum
Nienthal 7
24321 Lütjenburg
T. 04381 41 52 10
www.eiszeitmuseum.de
Mai bis September tgl. 10–18 Uhr, Mo Ruhetag
Oktober bis April Di–So 11–17 Uhr

32 Entdecken Stöfs

Königlicher Ausblick

Nördlich von Lütjenburg in Richtung Behrensdorf kommt man durch den kleinen Ort Stöfs, wo nahe dem Ortsschild in Richtung Lütjenburg sich der Aussichtspunkt „Königstein" befindet. Der Blick ist lohnend und man kann über den Großen Binnensee bis zur Ostsee und an schönen Tagen bis Fehmarn und sogar Dänemark blicken. Ein Gedenkstein weist auf die Namensgebung und den Besuch des Königs und späteren Kaisers Wilhelm I. von Preußen, der hier 1868 bei seinem ersten Besuch in der neuen Provinz Schleswig-Holstein Halt machte. Der Text auf dem Stein ist norddeutsch knapp gehalten: „Hier hielt König Wilhelm."

Königstein
www.behrensdorf-ostsee.de/behrensdorf.html

33 Entdecken Panker

Kunst, Kultur und Genuss – Das Herrenhaus und Gut Panker

Eines der schönsten und bekanntesten Herrenhäuser ist das dcs Gutes Panker, das zwischen Lütjenburg und Schönberg unweit der Ostsee gelegen ist. Neben dem imposanten Herrenhaus, das noch heute die Landgrafen von Hessen als Landsitz bewohnen, befinden sich eine gutseigene Kapelle, ein mächtiges Torhaus und historische Wirtschaftsgebäude auf dem Gelände. Unter dem Motto „Kunst, Kultur und Genuss" werden viele der Gebäude in unterschiedlicher Weise genutzt. Das Hotel-Restaurant Ole Liese, das Restaurant 1797 und das Torhaus-Apartment bieten angenehme Übernachtungsmöglichkeiten und ein attraktives kulinarisches Angebot. Desweiteren sind auf dem Gelände ansässig: Panker Design, ein Atelier für Schmuckgestaltung, Flora Magica u. a. mit historischen und englischen Duftrosen, eine Galerie für Gestaltendes Handwerk, Kunst, Mode und Design, ein Textilatelier sowie eine Galerie für modernes Wohnen. Zudem befindet sich das Gestüt Panker, das für seine Haltung und Züchtung von Trakehnern bekannt ist, auf dem Gut. Gehen Sie also einmal auf Entdeckungstour durch das ansprechende Ambiente des alten Gutsgeländes!

Gut Panker
www.gutpanker.de

Hotel + Restaurant Ole Liese
Panker 1007
24321 Panker
T. 04381 90690
www.oleliese.de

34 Erleben
Panker

Ausblick über die holsteinische Ostseelandschaft

Nicht weit vom Gut Panker entfernt liegt der 17 m hohe Hessenstein auf dem 134 m hohen Pilsberg. Der achteckige, denkmalgeschützte, neugotische Aussichtsturm wurde in den Jahren 1839 bis 1841 erbaut. Der Aufstieg über die 111 Stufen der gusseisernen Wendeltreppe lohnt sich. Weit reicht der Blick über die sanft hügelige Landschaft und die Ostsee bis nach Laboe und Kiel, über die Hohwachter Bucht und zu den dänischen Inseln und Fehmarn hinüber – vorausgesetzt Wetter und Sichtverhältnisse sind gut. Für das Passieren der Schranke muss man eine Eineuromünze bereit halten – ein Chip für den Einkaufswagen reicht in dem Fall nicht!

Der Hessenstein
www.ostsee.de/hohwacht/hessenstein.html

35 **Genießen**
Panker

Einkehr im idyllischen Forsthaus

Bekannt geworden ist das zum Gut Panker gehörige Forsthaus Hessenstein durch Peter Marxen, der einst mit dem Restaurant den ersten Michelin-Stern ins Land holte. Der im Jahr 2020 achtzigjährig verstorbene Gastronom war vor allem durch den vorher von ihm betriebenen legendären, europaweit bekannten Jazzclub Onkel Pö in Hamburg zu einiger Berühmtheit gelangt. Das traditionsreiche, idyllisch am Pilsberg mit Blick auf den Hessenstein (s. vorherigen Tipp) gelegene Restaurant wird nun von Michael Heveker betrieben und bietet eine ländliche, regionale Küche. Um die wechselnden Menüs oder die Spezialitäten der Karte genießen zu können empfiehlt sich unbedingt eine vorherige Reservierung.

Forsthaus Hessenstein
Michael Heveker
Hessenstein
24321 Panker
T. 04381 94 16
www.forsthaus-hessenstein.com
Mi–Sa 17.30–22 Uhr
So und feiertags 12–22 Uhr

Holsteinische Schweiz

1 Entdecken und Genießen

Eutin

Eines der bedeutendsten Kulturdenkmale Schleswig-Holsteins

Das prachtvolle Eutiner Schloss mit seinen vier Flügeln, zwei Ecktürmen und dem Torturm kann auf eine 850jährige, bewegte Geschichte zurückblicken. Aus der mittelalterlichen Burg hat sich im Laufe der Zeit eine barocke Schlossanlage mit umgebendem Schlossgarten entwickelt. Das Museum zeigt am authentischen Ort die adelige Lebenskultur des 18. Jahrhunderts. Sehenswert sind auch die Schlosskapelle und die Gemälde, u. a. von dem Goethe-Maler Johann Heinrich Wilhelm Tischbein sowie die großformatigen Schiffsmodelle aus russischen Zaren-Werkstätten. Gemütlich und vornehm einkehren kann man im Restaurant-Café Schlossküche und im historisch-herzoglichen Ambiente mit Blick auf die Lindenallee und den Eutiner See dinieren. Sehr schön ist es, des Sommers im mediterranen Innenhof seinen Kaffee zu genießen.

Stiftung Schloss Eutin
Schlossplatz 5
23701 Eutin
T. 04521 70 950
www.schloss-eutin.de
Juli–August Mo–So 10–18 Uhr,
März–Juni, September–Januar
Di–So u. Feiertage 11–17 Uhr
www.schlosskueche-eutin.de

2 Entdecken Eutin

Natur und Kunst im Eutiner Schloss- und Küchengarten

Einen Spaziergang durch den 14 ha großen Schlossgarten sollte man sich nicht nehmen lassen! Immerhin gilt die Anlage als das bedeutsamste Gartenkunstdenkmal der Aufklärung in Schleswig-Holstein. Verschlungene Wege, alte Baumgestalten und Attraktionen sowie immer wieder herrliche Ausblicke auf den anliegenden Eutiner See erfreuen das Herz des Wanderers. Der hier realisierten englischen Gartenkunst ging es darum, Natur und Kunst, Nutzen und Schönheit sowie Gefühl und Verstand in einem Gartenkunstwerk zu vereinen. Neben der Lindenallee, verschiedenen Teichen und Wasserfällen finden sich u. a. auch der Tempelgarten, der ehemalige Eiskeller, das Tuffsteinhaus, der Seepavillon, die barocke Sonnenuhr und manch anderes Entdeckenswertes auf dem Gelände. Auch der Küchengarten bei der alten Orangerie lohnt einen Abstecher. Das ab 1790 eingerichtete, etwa zwei Hektar große ummauerte Areal, das als fürstlicher Küchengarten Obst und Kräuter für die Tafel lieferte, lag ab 1981 weitgehend brach. Ab dem Jahr 2005 gab es Planungen für eine Wiederherstellung der Anlage, die im Laufe der nachfolgenden Jahre realisiert wurden. Staunen Sie selbst, welche hübschen Kleinareale, Gartenparzellen und Aktivitäten sich heute auf dem Gelände entwickelt haben!

Schlossgarten und Küchengarten Eutin
www.schloss-eutin.de

3 Entdecken Eutin

Kunst und Kultur im Kreis Ostholstein

Ab 1889 gab es in Eutin eine Sammlung, die als „Museum für Geschichte und Altertumskunde für das Fürstenthum Lübeck" eingerichtet war. Das daraus entwickelte Kreisheimatmuseum bezog 1989 seinen heutigen Standort im Marstall des Schlosses und heißt seither Ostholstein-Museum. Was gibt es zu sehen? Es werden vor allem Exponate aus der Blütezeit Eutins um 1800 gezeigt, als die Stadt ein geistig-kulturelles Zentrum des deutschsprachigen Raumes war. Darüber hinaus sind kunsthandwerkliche Arbeiten des 17 bis 20. Jahrhunderts in der Region und ostholsteinische Landschaftsmalerei Themen der Dauerausstellungen. Hinzu kommen ständig wechselnde Sonderausstellungen und Veranstaltungen.

Ostholstein-Museum
Schlossplatz 1
23701 Eutin
T. 04521 78 85 20
www.museum.kreis-oh.de
März–Oktober Di–So/
Feiertag 11–17 Uhr,
November–Januar Di–Fr
14–17 Uhr,
Sa, So u. Feiertage 11–17 Uhr

4 Erleben
Eutin

Hier spielt die Musik für Opern- und Operetten-Freunde

Allein das Ambiente lohnt einen Besuch der Eutiner Festspiele, die als eines der traditionsreichsten Opernfestivals Deutschlands gelten. Die Freilichtbühne befindet sich im Schlossgarten direkt am Großen Eutiner See und bietet an lauen Sommerabenden Stimmungen, an die man sich lange gern zurück erinnert. Nicht nur bekannte Opernsänger finden den Weg nach Eutin, sondern auch die Liste der Komponisten kann sich sehen lassen: In den vergangenen Jahren gab es Aufführungen der Opern von Giuseppe Verdi, Bedrich Smetana, Wolfgang Amadeus Mozart und George Bizet, aber ebenso auch weniger bekannter Komponisten wie Carl Zeller, Albert Lortzing und anderer. Fehlen darf natürlich nicht der in Eutin geborene Komponist Carl Maria von Weber, dessen „Freischütz" das am häufigsten aufgeführte Stück im Laufe der siebzigjährigen Tradition war. Der 125. Todestag des Komponisten im Jahre 1951 war auch der Anlass, die Festspiele ins Leben zu rufen. Im Jahr 2021 geht es folglich in die 70. Spielsaison.

Eutiner Festspiele gGmbH
Alter Bauhof 11
23701 Eutin
T. 04521 80 010
www.eutiner-festspiele.de

5 Entdecken und Erleben
Eutin

Stadtrundgang zwischen Marktplatz und Großem Eutiner See

Ein guter Startpunkt für einen kleinen Rundgang durch die Stadt ist der Marktplatz, an dessen Südseite das 1789-1791 erbaute Rathaus steht. Hier finden Sie auch die Tourist-Information des Ortes, wo man sich mit Infomaterial und Karten eindecken kann. Genießen Sie das Ensemble mit alten Bürger- und Handwerkerhäusern und verschiedenen Einkaufs- und Einkehrmöglichkeiten. Auf der Nordseite sehen Sie die um 1200 erbaute St. Michaelis-Kirche (s. nachfolgenden Tipp) und es stehen dort das Herzogliche Witwen-Palais von 1786 und die Erste Eutiner Hofapotheke aus dem Jahr 1635. Kurz darauf in der Königstraße folgt die um 1700 erbaute Hofapotheke. Am Voß-Haus und Rosengarten vorbei kommt man an den Großen Eutiner See, wo eine kleine Schiffstour oder ein Abstecher in den nördlich gelegenen Seepark möglich ist. Zurück geht es über Wasserstraße und Stollbergstraße mit typischen Wohn- und Handwerkshäusern des 18. Jahrhunderts. Abstecher zum Schloß und Schloßgarten sind möglich, rechter Hand geht es zum Marktplatz zurück. Ein Blick in die sich anschließende Lübecker Straße führt zum St. Georgs-Hospital, ein früheres Siech- und Armenhaus, und zum Geburtshaus von Carl Maria von Weber, dem bekannten Komponisten, der 1786 in den zweigeschossigen Fachwerkhaus das Licht der Welt erblickte. Eine Tafel am Gebäude, in dem sich heute das Carl Maria von Weber Café befindet, weist auf das Ereignis hin. Zu den zahlreichen angebotenen Stadtführungen und Rundgängen informiert die Tourist-Information am Markt.

Tourist-Info Eutin
Markt 19
23701 Eutin
T. 04521 70 970
www.holsteinischeschweiz.de/eutin

Erleben
Eutin

Von alten Gemäuern und modernen Musikveranstaltungen

Der im romanischen Stil durchgeführte Bau der 1240 erstmalig urkundlich erwähnten St.-Michaelis Kirche dürfte um 1200 erfolgt sein. Es ist damit das älteste Gebäude der Stadt und beeindruckt durch seinen 68 m hohen Turm mit drei Glocken und vier Uhren und dem 44 m langen Kirchenschiff. Von der Innenausstattung erwähnen wir hier die Spätrenaissance-Kanzel von 1653, die Altar-Bilder und den Schönfeldt-Altar, verschiedene Epitaphe, das Taufbecken

von 1511 und den siebenarmigen Leuchter, der 1444 eigens für St. Michaelis gefertigt wurde. Die ältesten Stücke sind ein Holzkreuz aus dem 13. Jahrhundert und der Marienleuchter von 1322. Bekannt ist die Kirche auch für ihre zahlreichen Kirchenmusiken, zu denen nicht nur Orgelmusiken aus den 2.281 Pfeifen der Orgel gehören, sondern auch sonstige Musikveranstaltungen, Chorgesänge, Oratorien sowie Konzerte des Schleswig-Holstein-Musikfestivals (SHMF).

St.-Michaelis Kirche
Schlossstraße 2
23701 Eutin
T. 04521 70 130
www.kirche-eutin.de
Mo–Sa 10–16 Uhr, So 15–17 Uhr

7 Genießen
Eutin

Sich wie Zuhause fühlen – außer Füße hochlegen

Das rustikal gemütliche Café direkt am Markt gibt es seit 2016. „Tohuus“ ist plattdeutsch und bedeutet Zuhause und so soll man sich fühlen im Cocktailsessel, am rustikalen großen Tisch oder auf der Außenterrasse. Dazu gibt es dann ausgesprochen leckere Fischbrötchen, auch wenn man nicht direkt an der Küste ist, schmackhafte Kuchen, hausgemachte Limos und ein wechselndes Programm frisch bereiteter Suppen und Eintöpfe. Der Blick auf die Tafel teilt mit, was gerade im Angebot ist. Das könnte zum Beispiel sein, der Mediterrane Gemüseeintopf, die Kürbissuppe mit Dattelspeck, die vegane Tomaten-Linsensuppe oder nicht vegan mit Fetakäse oder die Spargelcremesuppe mit Fleischklößchen. Prüfen Sie selbst das Versprechen der beiden Café-Betreiber: „Ihr werdet euch wie Zuhause fühlen. Versprochen!“

Tohuus Café
Markt 13
23701 Eutin
T. 04521 79 78 548
tgl. 11–18 Uhr

8 Entdecken
Eutin

Buchhandlung mit Herz

Seit 1943 in Eutin. Hier finden Sie alles – vom Klassiker bis zum Bestseller. Hörbücher, Kalender, Postkarten, Geschenkartikel.

Buchhandlung Hoffmann
Peterstraße 17
23701 Eutin
T. 04521 70 78 0
www.lesezeichen-buchhandlung.de

Erleben

Eutin

Eutin und die Seenlandschaft vom Wasser aus erleben

Eine Bootstour ist immer eine gemütliche Sache. Den Großen Eutiner See kann man in der einstündigen Fahrt mit der MS Freischütz umrunden und bekommt so einen schönen Eindruck von der ostholsteinischen Seenlandschaft und eine etwas andere Sicht auf die Rosenstadt Eutin. Startpunkt ist an der Seepromenade in der Stadtbucht; weitere Stationen sind an der Schwimmhalle sowie am Redderkrug und am Reisemobilpark. An Bord gibt es eine Gastronomie, WC, Heizung und Sonnendeck sowie Erläuterungen vom Kapitän. Wer am Redderkrug aussteigt, kann die Tour auch mit einer Wanderung um den See verbinden, dessen Gesamtstrecke etwa neun Kilometer beträgt. Vom Redderkrug ist es etwa die Hälfte, wobei man entweder den nördlichen oder den südlichen Weg wählen kann.

Eutiner Seerundfahrt
Parkweg 12 (Büro)
Hauptanlegestelle:
Bleekergang 4
23701 Eutin
T. 04521 33 44 u. 0172 41 41 136
www.eutiner-seerundfahrt.de

10 Genießen
Eutin

Uriges Kneipen-Restaurant in der Alten Mühle der Stadt

Die alte 18 m hohe Galerieholländermühle am Mühlenweg mit ihren fünf Stockwerken und 22 m langen Flügeln ist die letzte von ehemals drei Mühlen in Eutin. Die um 1850 erbaute Windmühle war bis 1950 in Betrieb und nach Entfernung der Mühlentechnik konnte sie zu Wohnzwecken genutzt werden. Ab 1979 befindet sich in der Mühle, die zwischenzeitlich als Kulturdenkmal ausgewiesen wurde, ein Kneipen-Restaurant. Auf der Karte finden sich Fleisch-, Fisch-, Nudel- und vegetarische Gerichte und es gibt immer einige Biere vom Fass und aus der Flasche, Weine auch aus biologischem Anbau und weitere alkoholische und nichtalkoholische Getränke. Konzerte und Live-Veranstaltungen finden immer wieder statt und vermitteln eine erlebenswerte Stimmung in den historischen Mühlenräumlichkeiten.

Kneipen-Restaurant Alte Mühle
Mühlenweg 5
23701 Eutin
T. 04521 50 42
www.alte-muehle-eutin.de
Di–Fr ab 18 Uhr, Sa u. So ab 17 Uhr, Mo Ruhetag

11 Entdecken
Eutin

Von der ehemaligen Wasserversorgung zum Aussichtspunkt des Ortes

Wie ein Verteidigungs-Wachturm steht der 1909 erbaute Eutiner Wasserturm mit seinem Zinnenkranz und kupfergedecktem Spitzhelm auf der mit 51 m ü NN höchsten Erhebung des Ortes. Der denkmalgeschützte Turm selbst ist 39 m hoch und bietet einen vorzüglichen, auf Tafeln erläuterten Blick auf die ostholsteinische Hügel- und Seenlandschaft sowie auf Eutin und seine Umgebung. Während des Aufstiegs über die 156 Stufen, von denen 53 durch den Wassertank führen, kann man auch die Dauerausstellung mit solarisierten schwarz/weiß Fotos aller 63 noch stehenden Wassertürme in Schleswig-Holstein besichtigen – vielleicht eine Anregung für weitere Ersteigungen von Wassertürmen des Landes.

Wasserturm
Bismarckstraße 29
23701 Eutin
www.holsteinischeschweiz.de/wasserturm-eutin-1
15. Mai–14. Oktober,
Di–So 11–16 Uhr

12 Erleben
Eutin und Umgebung

Reisen wie in früheren Zeiten

Bei den Holsteiner Kutschfahrten von Marie-Luise und Ernst Tamm können Sie eine gemütliche Kutschtour durch die holde Landschaft der Holsteinischen Schweiz mit Seen, sanften Hügeln, Wäldern, Alleen und Herrenhäusern unternehmen. Es stehen fünf Touren mit Kutsche oder Planwagen zur Auswahl, wobei darüber hinaus auch individuelle Strecken, Pausen und Abstecher abgesprochen werden können. So führt die Fahrt beispielsweise zur Bräutigamseiche, ins Prinzenholz oder zum Ukleisee. Zur Rapsblüte im Mai geht es auf eine besondere Tour und auch eine Fahrt durch die Eutiner Altstadt befindet sich im Angebot. Ergänzen lässt sich die Gruppentour mit abschließenden Spielen, z. B. dem Holsteiner 6-Kampf mit Gummistiefelweitwurf oder Kirschkernweitspucken. Für besondere Anlässe wie Hochzeiten können auch die äußerst schmucken historischen Kutschen gebucht werden.

Holsteiner Kutschfahrten
Braaker Straße 18
23701 Eutin
T. 04521 26 92
www.holsteiner-kutschfahrten.de

13 Entdecken
Eutin

Kontaktsuche ohne Internet

Im Dodauer Forst bei Eutin steht eine 25 m hohe über 500 Jahre alte Eiche mit eigener Postadresse und Leiter. Was mag das bedeuten? Die Bräutigamseiche diente einst dem Liebespaar der Dodauer Försterstochter und dem Sohn eines Leipziger Schokoladenfabrikanten als heimlicher Korrespondenzort, weil die Eltern gegen das Zusammenkommen waren. Im Astloch der Eiche wurden Briefe ausgetauscht. Später als die Eltern der Verbindung zustimmten, wurde 1891 geheiratet – natürlich unter der besagten Eiche. In der Folgezeit wurde das Astloch immer wieder von Liebenden zum Briefeschreiben genutzt. Seit 1927 wurde eine Leiter angestellt und die Post stellte die Briefe an die Bräutigamseiche zu. Mehrere

Ehen sollen mittlerweile durch diese Kontaktaufnahme zustande gekommen sein. Wer also auf Kontaktsuche ist, kann einen Brief an die Adresse „Bräutigamseiche, Dodauer Forst, 23701 Eutin" senden oder im Astloch der Eiche nachsehen, ob geeignete Post dabei ist. Das Briefgeheimnis ist hier an der Eiche also sozusagen aufgehoben. Beste Chancen auf frische Briefe ergeben sich, wenn die Post, die teilweise – zum Beispiel nach Fernsehberichten über die Eiche – bis zu 50 Briefe am Tag an die Eiche zustellt, gegen Mittag die aktuelle Tagespost anliefert.

Bräutigamseiche
Dodauer Forst
23701 Eutin
www.holsteinischeschweiz.de/braeutigamseiche

14 Entdecken
Sielbeck

Ein kleiner sagenumwogener und waldbestandener See lädt zur Umrundung

Der Ukleisee ist legendär – im wahrsten Sinne des Wortes. Die Legende um seine Entstehung ist bekannt: Ein schöner Ritter, der sich auf seinen Spaziergängen am See in eine arme, aber ebenfalls schöne Bauerntochter verliebte, versprach ihr, sie zu heiraten. Als er aber sein Versprechen brach und sich stattdessen mit einer reichen Gräfin verlobte, verstarb die Bauerstochter aus Gram. Die in einer kleinen Kapelle stattfindende Hochzeit, in der auch der Heiratsschwur des Ritters gegenüber der Bauerstochter sich abspielte, wurde nach Erscheinen des Bauerntochter-Geistes von einem heftigen Unwetter überrascht, in dessen Folge die Kapelle mit fast der ganzen Hochzeitsgesellschaft im heutigen Ukleisee versank. Bisweilen soll man noch heute an stillen Tagen die Glocken der Kapelle vom Seegrund her läuten hören. Die 3 km lange Wanderung um den idyllischen, komplett von Wald umgebenen See ist zu allen Jahreszeiten lohnend. An Sonntagen besteht Einkehrmöglichkeit zu Kaffee und Kuchen im Forsthaus am Ukleisee und auch das 1776 errichtete, spätbarocke Jagdschlösschen „Lusthaus zu Sielbeck" sollte man, allein wegen des Ausblicks von dort, besuchen. Der See liegt etwa 7 km nördlich von Eutin und 5 km von Malente entfernt. Von Malente aus kann man bei einer Schiffstour über den Kellersee oder bei einer Wander- oder Radwander-Umrundung desselben von Fährhaus-Sielbek aus (Einkehrmöglichkeit) sehr schön zu einer Umwanderung des sagenumwobenen Ukleisees starten.

Ukleisee
www.holsteinischeschweiz.de/eutin
www.holsteinischeschweiz.de/die-sage-vom-ukleisee
www.forsthaus-ukleisee.de
www.sparkassenstiftung-jagdschloesschen.de
www.uklei-faehrhaus.de

15 Entdecken
Malente

Gartenkunstwerk und Erholungsraum – Der Kurpark Malente

Der 1966 offiziell eröffnete Kurpark Malente gilt als das bedeutendste Gartendenkmal der 1960er Jahre in Schleswig-Holstein. Der Hamburger Gartenarchitekt Karl Plomin und der in Ostholstein renommierte Architekt Peter Arp haben mit ihren Gartenplanungen und Pflanzungen sowie den behutsam in die Landschaft eingefügten Kurbauten auf dem Brahmberg und in den angrenzenden Schwentinewiesen eine weithin gerühmte Gartenanlage geschaffen. Nach einigen Jahrzehnten der Vernachlässigung erstrahlt der 5,6 ha große Malenter Kurpark inzwischen in neuem Glanz und ist für Einheimische wie Gäste gleichermaßen ein lohnendes Ausflugsziel. Interessante Wild- und Zierpflanzen, alte Bäume, vielfältige Blühsträucher und runde Teichanlagen erfreuen die Gäste ebenso wie

Sonnenterrassen, Boulebahn, Kaminhäuschen, Gartenschach, Kneippanlage und vieles mehr. Das idyllisch an den Spiegelteichen am Ende der Dieksee-Promenade gelegene Kneippbecken ist für Freunde des Wassertretens eine schöne Ergänzung zur Anlage im Kurpark.

Kurpark Malente
www.holsteinischeschweiz.de/malente
www.kurpark-malente.de

16 Erleben
Malente

Ein heimatkundliches und kulturgeschichtliches Baudenkmal

Die vor 1650 erbaute Kate der Familie Tews ist die älteste erhaltene Räucherkate in Ostholstein. Es diente unter anderem bis 1967 als Rauchhaus, in dem Schinken und Mettwürste geräuchert wurden. Im Innern befindet sich das Heimatmuseum des Heimat- und Verschönerungsvereins des Ortes, das über das Leben und Arbeiten früherer Generationen in der Region informiert. Zu sehen sind landwirtschaftliche Geräte, u. a. ein 100 Jahre alter Lanz-Dreschkasten, Handwerkszeug, Haushaltseinrichtungen, Honigkörbe und

Anderes. Neben der Kate befindet sich ein eiszeitlicher Gesteinsgarten mit Informationstafeln und zu diesem Thema lohnt auch ein Besuch des Findlingsgartens in Malente-Kreuzfeld an der Plöner Straße mit einigen eindrucksvollen Findlingen. Die nahe dem Heimatmuseum gelegene Thomsen Kate nutzt der Verein u. a. für Veranstaltungen und zeigt nebenan einen traditionellen Bauerngarten.

Tews-Kate/Heimatmuseum
Sebastian-Kneipp-Straße
23714 Malente
T. 04523 99 03 41
www.heimatverein-malente.de
Karfreitag bis Mitte Oktober,
Fr–So u. Feiertage 14–17 Uhr

17 Entdecken
Malente

Vom Wasser und seiner Lebewelt

Von der Malenter Au durchflossen zwischen Kellersee und Dieksee liegt ein Sumpf- und Feuchtgebiet, das die Gemeinde zusammen mit der ehemaligen Nieklitzer Ökologie- und Ökotechnologie-Stiftung (NICOL) zu einem naturkundlichen Lehrpfad entwickelt hat, bei dem es vor allem um das Thema Wasser geht. Am Eingang steht das Großmodell eines Seeadlerkopfes, der eines der prägenden Großtiere der wasser- und seenreichen Holsteinischen Schweiz ist. Zahlreiche Modelle und Infotafeln wie Groß- und Kleinlibellen, Eintagsfliege, Tagfalter und Greifvogel-Silhouetten erklären die Tier- und Pflanzenwelt und Natur-Zusammenhänge. Die Feuchtlebensräume, wie Erlenbruch, Schilf-Röhrricht, Wasserdostwiese und andere sind durch Stege erschlossen und auch Totholzwand, Nisthilfen und Kräuterspirale säumen den Weg. Für Kinder gibt es im Internet einen Ralleybogen, den man sich ausdrucken kann, um sich spielerisch die Informationsfülle des Gebietes erschließen zu können.

Wunderwelt Wasser
Janusallee/Anleger Kellerseefahrt
23714 Malente
www.malente-tourismus.de/malente/sehenswuerdigkeiten/wunderweltwasser
April bis November 8–18 Uhr

18 Erleben
Neversfelde

Landschaftsausblick vom Holzbergturm und Rund-Wanderung

Nördlich von Malente in dem Ort Neversfelde gibt es einen schönen 30 m hohen Aussichtsturm, der einen herrlichen Ausblick auf die umgebende Hügel- und Seenlandschaft der Region bietet. Die im Jahr 2020 neu eröffnete Stahlkonstruktion ist mittlerweile der dritte Turmbau an diesem Standort auf dem Holzberg. 147 Stufen führen hinauf und auf fünf Ebenen informieren Tafeln über das, was

zu sehen ist. Man kann den Besuch auch mit einer schönen 8 km langen Wanderung verbinden (Symbol grüner Balken auf weißem Grund). Es geht nahe der Tourist-Information los und führt über Margarethenhof zum Turm und nach Neversfelde. Von dort passieren wir die Radlandsichten, einen Ferienhof mit hübschen Café und selbst gebackenem Kuchen sowie allerlei Attraktionen und durchwandern das Timmdorfer Holz. Zurück geht es parallel zum Dieksee-Nordufer nördlich der Bahnlinie, wo man im Waldareal kurz vor Malente noch einmal den 12,5 ha großen Wildpark und das Arboretum durchstreifen kann.

Holzbergturm und Wanderung
www.malente-tourismus.de/malente/sehenswuerdigkeiten/holzbergturm
www.holsteinischeschweiz.de/wandern-tagestouren-spazierwege
www.radlandsichten.de

19 Entdecken
Malente

Ältestes Gebäude des Zentralortes – Die Maria-Magdalenen-Kirche

Die Maria-Magdalenen-Kirche aus dem 13. Jahrhundert verdankt ihre Entstehung wohl einem besonderen Ereignis. Nämlich der Schlacht bei Bornhöved am Tag der Heiligen Maria Magdalena im Jahr 1227. Die dänischen Truppen unter Waldemar II. wurden von der norddeutschen Allianz unter Graf Adolf IV. besiegt. Das Gebet des Grafen wurde offensichtlich erhört und so stiftete er daraufhin u. a. die Kirche in Malente. Der neugotische Turm der aus Feld- und Backsteinen erbauten einschiffigen Kirche kam in seiner heutigen Form erst im Jahr 1893 hinzu. Die Kirche war Drehort der Immenhof-Filme (s. nachfolgenden Tipp). Ein weiteres mittelalterliches Gotteshaus, die St. Johannes-Kirche (auch Vicelinkirche) aus dem 12. Jahrhundert mit Feldsteinen und einem 40 m hohem Wehr-Rundturm befindet sich im nördlich gelegenen Ortsteil Neukirchen.

Maria-Magdalenen-Kirche
Bahnhofstraße 64
23714 Malente
T. 04523 99 99 80
www.kirchengemeindemalente.de/maria-magdalenen-kirche

20 Entdecken
Malente

Schöne Erinnerungen an die heile Welt auf dem Immenhof

Das Gut Rothensande mit Herrenhaus, Torhaus, Scheunen und Bootshaus liegt östlich des Ortes Malente am Kellersee. Es wird gerade zu einer Hotel- und Ferienanlage umgebaut, ist aber sehr bekannt geworden als Kulisse des fiktiven Immenhofes, an dem die in den 50er Jahren gedrehten Filme spielen. Die Filmreihe besitzt unter Pferdefreunden und –freundinnen Kultstatus. Der erste Film „Die Mädels vom Immenhof" stammt von 1955; ihm folgten Hochzeit auf Immenhof (1956) und Ferien auf Immenhof (1957). In den 70er Jahren erschienen noch zwei weitere Originalfilme. In Malente gibt es ein Immenhof-Museum, in dem Bilder, Kostüme, Requisiten und die Kutsche aus dem ersten Film zu besichtigen sind. Zudem kann man an einer Immenhof-Filmtour teilnehmen, die zu den Original-Drehorten in und um Malente führt.

Immenhof-Museum
Kampstraße 1
23714 Malente
T. 01511 02 12 951
www.immenhofmuseum.de
Ostern bis Oktober Mi, Fr–So 14–17 Uhr

21 Erleben
Malente, Sielbeck, Plön

Die seenreiche Holsteinische Schweiz vom Wasser aus erleben

Malente liegt malerisch zwischen Kellersee und Dieksee. Was liegt da näher als von hier zu Seenerkundungen und –umrundungen per Schiff, Rad oder wandernd zu starten. Der im Osten gelegene Kellersee läßt sich mit der MS Luise in zwei Stunden ab Anleger Janusallee erfahren. Die Verbindung mit einer Umrundung des Ukleisees oder einer Rückwanderung von dem Anleger Sielbeck Uklei ist möglich (s. Tipp Ukleisee). Die komplette Umrundung des Sees per Rad oder zu Fuß sind etwa 15 km. Auch die 5-Seen-Fahrt zwischen Malente-Gremsmühlen und Plön Fegetasche dauert etwa zwei Stunden und ist mit einer

Wanderung (s. nachfolgenden Tipp) kombinierbar. Die Fahrt geht über Dieksee, Langensee, Behlersee, Höftsee und Edebergsee und kann in Plön auch unterbrochen werden. Einkehrmöglichkeit besteht im Cafe Fegetasche im Lake House Plön aber man kann beispielsweise auch sogleich, nach Unterquerung der Bundesstraße in ein Boot der Plöner See Rundfahrt umwechseln.

5-Seen-Fahrt und Kellerseefahrt
Bahnhofstraße 5
23714 Malente
T. 04523 22 01
www.5-seen-fahrt.de
5-Seen-Fahrt : April bis Oktober tgl.
Kellerseefahrt: April bis Oktober tgl. außer Mo

22 Entdecken
Malente, Plön

Radeln und Wandern zwischen Malente und Plön

Zwischen Plön und Malente kann man die 5-Seen, die per Bootstour zwischen den Orten befahren werden, auch per Rad sehr schön umrunden. Es sind etwa 25 km. Die Schiffe der 5-Seen-Fahrt und um den Kellersee können keine Fahrräder transportieren. Aber die Kombination der Schiffstour mit einer Wanderung kann gemacht werden oder auch nur eine Umrundung des Dieksees von Malente aus (etwa 11 km) ist möglich und man kann in Timmdorf auf halber Strecke auch wieder der 5-Seen-Fahrt zusteigen. Hübsche Einkehrmöglichkeiten bieten der Landgasthof Kasch (auch Hotel), der etwa 5 Gehminuten vom Anleger in Timmdorf entfernt ist und Holsteiner Spezialitäten, Fisch aus heimischen Gewässern und Fleisch aus eigener Gallowayzucht sowie hausgebackenen Kuchen anbietet.

5-Seen Radtour und Wanderung
www.5-seen-fahrt.de
www.holsteinischeschweiz.de/radfahren
www.holsteinischeschweiz.de/wandern
www.landgasthof-kasch.de

23 Entdecken
Plön

Das Wahrzeichen der Stadt

Das auf einer Anhöhe gelegene weiße Schloss ist sowohl über den Plöner See als auch bei der Anfahrt mit dem Auto weithin sichtbar und macht Eindruck. Es wurde 1633-1636 im Auftrag von Herzog Joachim Ernst erbaut, also zu Zeiten des Dreißigjährigen Krieges. Das im Stil der italienischen Spätrenaissance errichtete Backsteinschloss wurde anstelle einer nicht mehr benötigten Burg errichtet. Zu dänischer Zeit, als der dänische König Christian VIII. es als Sommerresidenz nutzte, bekam das Schloss seinen weißen Anstrich. Zu preußischer Zeit wurde es als Kadettenanstalt genutzt, in der auch alle sechs Söhne Kaiser Wilhelms II. ausgebildet wurden. Nach dem Krieg diente das Gebäude zunächst als staatliches Internat und wurde im Jahr 2001 vom Land an den Brillenfabrikanten Fielmann verkauft. Es wird seither als gemeinnützige Bildungsstätte für Augenoptik genutzt. Informationen und Termine zu Schlossführungen, ebenso wie zu Prinzenhaus- und Schlossgartenführungen gibt es bei der Tourist-Information Plön.

Schloss Plön
Fielmann Akademie
Schlossgebiet 91
24306 Plön
T. 04522 80 10
www.fielmann-akademie.de
Tourist-Information Plön
T. 04522 50 950
www.holsteinischeschweiz.de/tourist-info-ploen

24 Entdecken Plön

Stadtkirche St. Nicolai am Markt und Johanniskirche

Die Plöner Stadtkirche, wie sie heute am Markt steht, wurde 1868 fertiggestellt, nachdem ein durch Blitzschlag verursachter Brand 1864 die Kirche komplett vernichtet hatte. Dieser ehemalige repräsentative Backsteinbau, den Herzog Hans-Adolf 1691 erbauen ließ, war bereits der Nachfolger eines überwiegend hölzernen Kirchbaus an gleicher Stelle, der schon um 1150 zu Bischof Vicelins Zeiten errichtet worden war. Die heutige Kirche kommt mit einem äußerst

freundlichen, hellen Innenraum mit Tonnengewölben (Foto) daher. Farbige Fensterbilder zeigen Darstellungen zu den wichtigsten christlichen Festen. Seit einigen Jahren nimmt auch die Plöner Kirche an der Aktion „Offene Kirche“ teil und ist täglich bis zum Abend für Gäste geöffnet. Die kleine barocke Fachwerkkirche, die Johanniskirche, in der Hamburger Straße stammt aus dem Jahr 1658. Sie wird für besondere Anlässe wie Taufen, Hochzeiten oder Trauerfeiern sowie für musikalisch-kulturelle Veranstaltungen genutzt.

Nicolaikriche Plön
Markt 25
Johanniskirche
Hamburger Str. 1
24306 Plön
www.kirche-ploen.de

25 Entdecken
Plön

Aussichtsturm und Seeadler-Beobachtung

Im Norden von Plön hat der Verschönerungsverein des Ortes bereits 1888 den Parnaß-Aussichtsturm errichten lassen. Nach umfassender Renovierung im Jahre 1985 ist der 20 m hohe Turm auch heute noch zu besteigen. Insgesamt befindet sich die Aussichtsplattform der Stahlfachwerkkonstruktion 85 m über dem Meeresspiegel und offeriert einen herrlichen Blick über die Stadt und die Seen-Landschaft der Holsteinischen Schweiz. Von dort kann man auch eine kleine Wanderung zur Seeadlerbeobachtungsstation in Rathjensdorf bei den Seeadlerbetreuern machen und vielleicht mit etwas Glück die eindrucksvollen Charaktervögel der Holsteinischen Schweiz bei ihrem Brutgeschäft beobachten. Von März bis etwa Juli besteht die Chance Seeadler jagend oder die Jungtiere versorgend am Plußsee zu beobachten. Auch eine Umwanderung des Trammer Sees (11 km) ist von hier aus ein durchaus lohnendes Unterfangen.

Parnaß-Aussichtsturm
www.holsteinischeschweiz.de/tuerme-1
Ostern bis ca. 31. Oktober
tgl. 9.30–19 Uhr
Anfahrt über Rodomstorstraße von der B76

26 Genießen
Plön

Der Seeprinz direkt am Plöner See

Die Lage allein ist schon grandios, direkt am Plöner See, oder besser gesagt auf dem Plöner See mit Schwimmterrasse und herrlichem Blick auf den See. Das Speisenangebot beginnt mit reichhaltigem Frühstück bis 12 Uhr, abgelöst von saisonalen Mittagsspezialitäten, einem Fisch- und Fleisch-Angebot sowie auch vegetarischen und veganen Gerichten. Zum satt werden, auch am Abend, sind das Seeprinzsteak (Rumpsteak mit 300 g) oder der Seeprinz-Burger (mit 200 g Rindfleisch) geeignet. Am Nachmittag folgen dann hausgebackene Kuchen. Hinzu kommt eine durchaus reichhaltige Getränkeauswahl mit Seeberger Kaffeespezialitäten, verschiedenen Bio-Teesorten, hausgemachter Bowle, Spritz-Kreationen, Cocktails und diversen Weinen.

Restaurant Seeprinz
Strandweg 1
24306 Plön
T. 04522 89 71 55
www.seeprinz-ploen.de
Mo–Sa 10–22 Uhr, So 10–21 Uhr

27 Entdecken Bosau

Der kleine Dom am Plöner See – die Vicelin Kirche

Im Südteil des Plöner Sees liegt der Ort Bosau, den man vom Anleger Fegetasche in Plön aus gut per Ausflugsschiff der Bosau-Fahrt erreicht. Bekannt ist der auf eine frühe slawische Siedlung zurückgehende Ort vor allem durch die weiß getünchte St. Petri Kirche, eine im Kern romanische Feldsteinkirche aus dem 12. Jahrhundert. Das von dem Bischof Vicelin gegründete Gotteshaus (deshalb auch die Bezeichnung Vicelinkirche) war kurzzeitig unter ihm und dem Bischof Gerold Bischofssitz und wird daher auch als „kleinster Dom der Welt" bezeichnet. Zur Ausstattung des Kircheninneren gehören u. a. der älteste Flügelaltar Ostholsteins, ein um 1470 in der Werkstatt von Bernt Notke geschaffenes Triumphkreuz, ein Granittaufstein aus dem 12. oder 13. Jahrhundert, eine barocke Kanzel und zudem Reste gotischer Wandmalereien, Epitaphien, Bildtafeln und Schnitzarbeiten. Vielleicht ergibt sich die Gelegenheit, an einer Veranstaltung der Bosauer Sommerkonzerte teilzunehmen?

Nicht weit von der Kirche befinden sich eine kleine Badestelle am See, ein Naturlehrpfad und die Dunkersche Kate aus dem 17. Jahrhundert mit Backhaus und Bauerngarten. Sie wird für Kunstausstellungen genutzt.

St.-Petri-Kirche
23715 Bosau
www.kirche-bosau.de

28 Genießen Bosau

Tortenträume im Kaffeegarten

In dem 1904 als Backhaus errichteten Gebäude, das später als Deputatarbeiterhaus diente, befindet sich seit 1991 ein Café, das mittlerweile über die Region hinaus bekannt ist. Gemütlich sitzt man des Sommers im blütenreichen Garten und genießt die Tagessuppe oder ein Gemüse-Quiche. Am Nachmittag gibt es dann die selbstgebackenen, vorzüglichen Torten, Tarts, Scones und Kuchen, dazu ausgewählte Tee-, Kakao- oder Kaffeespezialitäten. Es werden stets neue Kuchenkreationen geboten, je nachdem, was der eigene Bauerngarten aktuell an Früchten hergibt. Man kann aber auch auf die ebenso guten Klassiker wie Rote-Grütze-Joghurt-Torte oder Eierlikörtorte zurückgreifen. Und man erkennt, warum Brooks Café „Achter de Mur“ vom Feinschmecker-Magazin 2014 und 2018 zu einem der besten Cafés Deutschlands auserkoren wurde.

Brooks Café Achter de Mur
Achter de Mur 2
23715 Bosau
T. 04527 202
www.brooks-cafe.de
März bis Mitte November Mi–So 12–18 Uhr, Mo, Di Ruhetage

29 Entdecken Plön

Bootstour zu Fuß

Der Große Plöner See lässt sich nicht nur bei einer Bootstour erkunden (s. Tipp 35), sondern sogar zu Fuß. Auf der sogenannten Prinzeninsel genießt man die gleichen herrlichen Ausblicke über das Wasser und auf die vielen kleinen Inseln, das Plöner Schloss und die bewaldeten Ufer und das ohne ein Boot besteigen zu müssen. Die Prinzeninsel – der Name ist irreführend, da es sich seit einer künstlichen Wasserspiegelabsenkung im 19. Jahrhundert nicht mehr um eine Insel handelt – erreicht man über eine etwa zwei Kilometer lange, bisweilen nur 30 Meter breite Landzunge, bequem auch zu Fuß vom Plöner Stadtzentrum aus. Vorbei an dem kleinen Kadettenfriedhof,

einem Apfelgarten (herrlicher Platz für eine Rast!) und mehreren Aussichtspunkten, passieren wir die Badestelle mit dem schönsten Sandstrand der ganzen Holsteinischen Schweiz und erreichen die Südspitze der Prinzeninsel mit dem Pavillon der Kaiserin. Nicht nur die letzte deutsche Kaiserin hatte hier ihren Lieblingsplatz, auch heute noch zieht der tolle Ausblick auf die vielen kleinen Inseln unzählige Besucher an. Das unweit gelegene, alte Bauernhaus wird aktuell umfassend restauriert und soll ab Sommer 2021 wieder Gäste zu klassisch norddeutscher Küche empfangen.

Prinzeninsel
https://www.holsteinischeschweiz.de/prinzeninsel-2

30 Entdecken Plön

Kreisgeschichte – von der Frühzeit bis zur Gegenwart

Man würde es nicht unbedingt erwarten, aber Plön hat eine lange, wechselvolle und interessante Geschichte. Beginnend im Frühmittelalter mit den Slawen, wechselten die Besitzer über die Holsteiner Grafen, dem dänischen König und den schleswig-holsteinischen Herzögen unzählige Male. Aufgrund der zentralen Lage im Land war Plön und vor allem die Burg, aus der das heutige Schloss hervorging, häufig Schauplatz von Auseinandersetzungen.

Das kleine, aber gut sortierte Kreismuseum wird dieser spannenden Geschichte gerecht und geht zeitlich sogar bis in die Vorgeschichte zurück. Originalfunde aus der Stein-, Bronze- und Eisenzeit, Goldschmiedearbeiten aus dem 18. und 19. Jahrhundert, Gemäldesammlungen, Keramik- und Glasarbeiten zeugen von den vielfältigen Handwerkstraditionen der Region. Eine Apothekenoffizin von 1842 oder der Nachbau einer Schusterwerkstatt geben Einblicke in den Arbeitsalltag der Plöner vor fast 200 Jahren.

Museum des Kreises Plön
Johannisstraße 1
24306 Plön
T. 04522 74 43 91
www.kreismuseum-ploen.de

31 Entdecken
Plön

Im Herzen von Plön

„Es ist etwas anderes in einen Buchladen zu gehen, etwas in die Hand zu nehmen, Anregungen zu bekommen, verführt zu werden.“
(Inhaber Hinnerk Schneider).

Buchhandlung Schneider
Lübecker Straße 18
24306 Plön
T. 04522 74 99 00
www.buecherinploen.buchkatalog.de

32 Entdecken
Plön

Schleswig-Holsteins größter See mit dem Rad

Auf einer gut 36 Kilometer langen Radtour lässt sich der große Plöner See umrunden, vor allem im Südteil des Sees erwarten den Radler verkehrsarme Wege und Straßen, Ruhe und herrliche Ausblicke über Schleswig-Holsteins größten See. Wir beginnen unsere Fahrt, die man als Tagestour mit viel Zeit für Pausen planen kann, direkt am Seeufer neben dem Bahnhof. Bei der Umrundung im Uhrzeigersinn folgen wir zunächst der leider verkehrsreichen Hauptstraße, bis wir hinter dem Marinegelände rechts abbiegen, den Lärm hinter uns lassen und den schönen Abschnitt über die Landenge zwischen Plöner See und Vierer See erreichen. Durch den Ort Bosau mit der sehenswerten Vicelinkirche (Tipp 27) hindurch erreichen wir Bredenbek, wo wir rechts abbiegen und kurz nach Überqueren der Tensfelder Au vor dem kleinen See wieder rechts abbiegen, um auf den Weg unweit des Seeufers zu gelangen. Vorbei an Gut Nehmten geht es durch den gleichnamigen Forst, wobei es sich hier, wie fast überall in der Gegend, besonders lohnt nach den majes-

tätisch kreisenden Seeadlern Ausschau zu halten. Wir passieren das Naturschutzgebiet „Inseln im Grossen Plöner See und Halbinsel Störland", ein wichtiges Brut- und Rastgebiet für unzählige Vogelarten und gelangen durch Dersau und Ascheberg radelnd zurück nach Plön. Kurz vor Erreichen des Schlossparks bietet sich ein Abstecher auf die malerische Prinzeninsel (Tipp 29) an.

Radtour Plöner See
Weitere Informationen: www.holsteinischeschweiz.de/ploenerseetour

33 Genießen
Plön

Waffelgenuss in der Altstadt
Wer nach einem Spaziergang am Plöner See Lust auf etwas Süßes bekommen hat, sollte im Waffelhuus einkehren. Zentral in der Altstadt direkt unterhalb des Schlosses gelegen, genießt man hier im kleinen Hinterhof köstliche Waffeln verschiedenster Geschmacksrichtungen. Der Verkaufsschlager sind die Waffeln mit Sahne und frischen Erdbeeren, aber auch Ahornsirup, Banane, Kirschen und Eis.
Sogar herzhaft, zum Beispiel mit Lachs, angerichtete Waffeln stehen zur Auswahl. Dazu gibt es gigantisch große, ebenfalls kunstvolle Kaffeespezialitäten oder leckere Kaltgetränke.

Dat Waffelhuus
Lange Straße 42
24306 Plön
T. 04522 746 30 37
www.datwaffelhuus.de
Di–Sa 10–17 Uhr
So 12–17 Uhr

34 Genießen Plön

Sternenküchen-Ambiente

Direkt in der Plöner Altstadt neben der Nikolaikirche findet man ein Restaurant, das vom Ambiente und den Speisen weit und breit seines Gleichen sucht. Angefangen bei der Einrichtung: Modern, aber trotzdem gemütlich, mit hochwertigen Möbeln und Bildern an den Wänden. Die Vorfreude auf das Essen steigt beim Blick in die gut sortierte, offene Küche und die Überraschung kommt beim Servieren: Die Speisen sind angerichtet wie in einer Sterneküche und der Geschmack steht dem optischen Eindruck in nichts nach – im Gegenteil. Die Karte ist vielfältig, angefangen bei modern interpretierten Burgern und Pizza, über klassisch norddeutsche Fisch- und Fleischgerichte, bis hin zu Flammkuchen und südeuropäischem Antipasti. Ein kulinarisch garantiert unvergessliches Erlebnis.

Prinzenhuus
Am Markt 14
24306 Plön
T. 04522 746 98 58
www.prinzenhuus-ploen.de
tgl. 17.30–21.30 Uhr

35 Erleben Plön

Plöns' Attraktionen im Schnelldurchlauf

Eine Fahrt auf dem Großen Plöner See gehört fast zum Pflichtprogramm bei einem Besuch in der Region und auch wer nur kurz verweilt, sollte zumindest einmal „in See gestochen" sein. Vom Wasser aus präsentiert sich die Stadt von ihrer schönsten Seite, vom Sonnendeck einige Meter über dem Wasser bietet sich ein freier Blick auf Schloss und Altstadt mit der Nikolaikirche. Vorbei geht es an der Südspitze der Prinzeninsel, wo der Pavillon der Kaisererin zum Greifen nah erscheint. Vorbei an dem Labyrinth aus kleinen Inseln, die zu einem Naturschutzgebiet zusammengefasst sind, geht es in den westlichen Seeteil, wo die Anleger von Dersau und Ascheberg angesteuert werden. Der Große Plöner See gilt als wichtigstes Binnenbrutgewässer Schleswig-Holsteins, entsprechend hoch ist natürlich die Zahl der potentiell zu erspähenden Vogelarten, allen voran natürlich der majestätische Seeadler. Fernglas

und Kamera sollte also bei der Bootsfahrt auf keinen Fall fehlen. Auch auf dem Rückweg wird wieder an der Prinzeninsel Halt gemacht und wer sich an dem Seepanorama der ursprünglichen Landschaft und bewaldeten Ufern noch nicht sattgesehen hat, kann hier in ein Boot der Bosaufahrt umsteigen und den besonders ruhigen Südteil des Sees erkunden.

Plöner See Rundfahrt
Plöner Motorschifffahrt GmbH
Fegetasche-Strandweg
24306 Plön
T. 04522 67 66
www.grosseploenersee-rundfahrt.de

36 Erleben
Eutin, Malente, Plön

Auf der Schwentine quer durch die Holsteinische Schweiz

Auf dem Weg von der Quelle unweit des Bungsberges bis zur 68 Kilometer entfernten Mündung in die Kieler Förde durchfließt die Schwentine das Herzstück der Holsteinischen Schweiz. Die etwa 53 paddelbaren Kilometer auf einem der längsten Flüsse Schleswig-Holsteins führen uns von Eutin über Bad-Malente, Plön und Preetz bis nach Kiel. Zwischen Eutin und Preetz werden unzählige Seen durchquert, wodurch kaum Strömung herrscht, das Paddeln besonders angenehm wird und man sich eher in Schweden als in Norddeutschland wähnt. Die Landschaft tut dazu ihr Übriges, es geht fast ausnahmslos durch bewaldete, leicht hügelige Landschaft, vorbei an dichten Röhrichtgürteln und blühenden Seerosenteppichen. Unterwegs ein paar Seeadler bei ihren majestätischen Segelflügen zu beobachten ist eher die Regel als die Ausnahme. Um die Schwentine in ihrer ganzen Idylle genießen zu können, sollte man drei Tage für die Strecke einplanen, so ist genug Zeit für kleine Abstecher oder auch ein Bad im Großen Plöner See. Wer sportlicher unterwegs ist, schafft es auch in zwei Tagen von Eutin bis in die Kieler Förde.

Schwentine-Paddeltour
Tourismuszentrale Holsteinische Schweiz
www.holsteinischeschweiz.de/kanu

37 Entdecken und Erleben
Plön, Malente, Eutin

Wandern im Naturpark Holsteinische Schweiz

Es gibt viel Natur und Landschaft, Tiere und Pflanzen, aber auch Herrenhäuser, mittelalterliche Kirchen, alte Mühlen, Hünengräber sowie nette Landgasthöfe und kleine Cafés zu entdecken. Und wie erkundet man eine Region am besten? Natürlich wandernd, und dazu bietet die Holsteinische Schweiz reichlich Möglichkeiten. Es gibt allein fast 30 ausgearbeitete Rundtouren der Tourismuszentrale Holsteinische Schweiz von 3,4 bis 18,7 km Länge, die mit Farben oder Symbolen gekennzeichnet sind. Manchen Streckenabschnitt kann man in der seenreichen Landschaft auch per Schiff zurücklegen oder man nimmt die Bahn, die regelmäßig zwischen Kiel und Lübeck verkehrt und in Plön, Malente und Eutin Station macht. Neben den ausgewiesenen Tageswanderungen und Spaziergängen kann man sich auch individuell längere Strecken zusammenstellen, oder man macht sich auf den Holsteinische Schweiz Weg, der auf 53 km von Plön über Malente und den Bungsberg nach Eutin führt.

Auch die beiden Europäischen Fernwanderwege E1 und E6, die aus dem hohen Norden durch ganz Deutschland bis nach Italien bzw. in die Türkei führen, verlaufen zwischen Kiel und Lübeck auf ihrem Weg durch die gesamte Holsteinische Schweiz.

Wandern in der Holsteinischen Schweiz
www.holsteinischeschweiz.de/wandern

38 Entdecken und Erleben
Plön, Malente, Eutin und Randgebiete

Auf zwei Rädern durch die Holsteinische Schweiz

Was gibt es schöneres als die Landschaft auf dem Fahrrad – mit oder ohne Elektro-Unterstützung – an sich vorbeifliegen zu lassen und eine Region gemütlich zu erkunden? In der Holsteinischen Schweiz finden sich viele Möglichkeiten die Fahrradbegeisterung auszuleben. 15 ausgearbeitete, mit Symbolen und Beschilderungen versehene Rundtouren werden angeboten. Die meisten Tagestouren bewegen sich zwischen 30 und 40 km Länge, die kürzeste ist 25 km, die längste 61 km lang. Da gibt es zum Beispiel die Schusteracht-Tour bei Preetz, die Fisch-Tour um den Selenter See, die Fünfseen-Tour zwischen Plön und Malente, die Strand-Tour, die von Eutin bis nach Sieksdorf und Timmendorfer Strand führt, oder die Seen-Tour bei Bad Segeberg. Auch der Fernradweg Mönchsweg führt von Fehmarn durch die Holsteinische Schweiz und weiter sogar bis Bremen . Der Holsteinische Schweiz Radweg ist ein weiterer Fernradweg Schleswig-Holsteins und geht über 204 km durch die gesamte Holsteinische Schweiz. Den kann man auch als organisierte 5-Tage-Tour buchen, einschließlich Übernachtungen, Gepäcktransport, Fahrrad und Lunchpaket.

Radfahren in der Holsteinischen Schweiz
www.holsteinischeschweiz.de/radfahren

Quer durch die Region Fehmarn bis Holsteinische Schweiz

1 **Erleben und Genießen**

Fehmarn bis Weissenhäuser Strand

Übernachten am Strand

Früher hat man den Schlafsack am Strand entrollt und im Sand übernachtet. Heute ist das etwas komfortabler. Diverse Tourist-Informationen oder Strandkorbvermieter an den Küsten bieten die Schlafstrandkörbe an, in denen man als Gast eine oder mehrere Nächte am Strand übernachten kann. Die 1,30 m breiten und 2,30 m langen wetterfesten Strandkörbe sind für 1-2 Personen geeignet und besitzen eine Überdachungsmöglichkeit mit Fenstern, die man je nach Wetter offen lassen oder komplett schließen kann. Es ist auch ein Frühstück oder Picknickkorb dazu buchbar. Mal was anderes, mit Wellenrauschen im Ohr und dem Sternenhimmel über einem, sich in Morpheus Arme zu begeben.

Übernachten im Schlafstrandkorb

www.schlafstrandkorb.de
www.ostsee-schleswig-holstein.de/strandschlafen-ostsee.html
www.sh-tourismus.de

2 **Entdecken**

Holsteinische Schweiz, Hohwacht bis Fehmarn und Lübeck

Bedeutendes Landschaftselement und Lebensraum – Die Knicks

Wenn man zwischen Kiel und Lübeck im Holsteinischen Hügelland unterwegs ist, fallen die Wallhecken, die die Landschaft vielerorts durchziehen, auf. Diese sogenannten Knicks sind ein wertvolles Element unserer Kulturlandschaft. Sie wurden vor etwa 200 Jahren zur Abgrenzung der Flurstücke angelegt. Es sind Wallhecken aus einem 0,8 bis 1 m hohen Wall mit abgeflachter Oberseite, auf dem strauch- und baumartige Gehölze wachsen. Es ist nicht nur ein wichtiges Landschaftselement im waldarmen Schleswig-Holstein, sondern auch Holzlieferant und bedeutender Lebensraum für Tiere und Pflanzen sowie von Bedeutung für den Biotopverbund. Geschätzte 7.000 Tierarten finden in den Knicks des Landes einen Lebensraum, darunter Goldammer, Neuntöter,

Dorngrasmücke, Rotkehlchen, Igel, Haselmaus und zahlreiche Insekten und andere Wirbellose. Besonders hübsch anzusehen sind die langgezogenen Landschaftselemente zur Blütezeit von Schlehe, Weißdorn und Holunder.

Knicks in Schleswig-Holstein
www.stiftungsland.de/fileadmin/pdf/Flyer/Melur_Knickbroschuere_2014_297x210_FINAL.pdf

3 **Erleben**
Hohwacht bis Fehmarn und Travemünde

Die Ostsee per Rad erleben
Der Ostseeküsten-Radweg ist einer der Fernradwege Schleswig-Holsteins. Er geht insgesamt über mehrere Tausend Kilometer um die ganze Ostsee. Bei Flensburg – über die Grenze aus Dänemark kommend – führt er über ca. 1150 km an der gesamten deutschen Ostseeküste bis Usedom entlang und von dort geht es weiter an der polnischen Küste. Der Streckenabschnitt von Hohwacht bis Großenbrode beträgt rund 50 km und bei einer Umrundung Fehmarns sind etwa 70 km zu absolvieren. Das Abfahren von Teilstrecken ist möglich und kann auch mit einer Rückkehr per Bahn verbunden werden. Das blaue Logo mit dem Ostseeküsten Radweg S.-H. weist den Weg. Für den wackeren Radfahrer gibt es jedenfalls jede Menge Ostsee-Erlebnis im Angebot mit Stränden und Steilufern, kleinen Museen, Hafenstädten, Promenaden,

Leuchttürmen und reichlich Ostsee-Natur und zahlreichen Landschaftsimpressionen.

Ostseeküstenradweg
www.ostsee-schleswig-holstein.de/ostseekuesten-radweg.html

Entdecken

Holsteinische Schweiz und gesamte Ostseeküste

Die letzte Eiszeit als Landschaftsgestalter in Schleswig-Holstein

Die sanft hügelige Landschaft des Östlichen Hügellandes in Schleswig-Holstein wurde durch die letzte Eiszeit, die Weichsel Eiszeit (vor ca. 80.000-15.000 Jahren) geformt. Die Gletschermassen haben nicht nur das Erd- und Gesteinsmaterial, Riesenfindlinge und Fossilien aus Skandinavien nach Norddeutschland transportiert, sondern auch die Hügel, Flußtäler und Seen in der Landschaft geformt. Natürlich gab es nacheiszeitliche Landschaftsveränderungen, wie die Verlandung von Seen, Moorbildungen, Sandverlagerungen und Steiluferabbrüche an der Ostseeküste. Haupt-Landschaftsgestalter der Region zwischen Flensburg und Kiel war aber das Weichselglazial, auf dessen Wirken man vielerorts in der Landschaft stößt. Verschiedene Ausstellungen informieren über das Wirken der Kaltzeiten in der Region, wie z. B. das Eiszeitmuseum in Lütjenburg oder das Geocenter in der Ostsee-Erlebniswelt Heiligenhafen.

Eiszeiten in Schleswig-Holstein
www.geschichte-s-h.de/eiszeitland

Genießen

Ostseeküste

Kulinarische Köstlichkeiten auf die Hand

Eine schlichte, aber köstliche maritime Delikatesse ist das Fischbrötchen, das in jedem Hafen und Imbiss entlang der Ostseeküsten zu bekommen ist. Zwei Brötchenhälften und dazwischen Fisch oder Meeresfrüchte, ev. etwas Soße und ein Salatblättchen dazu, fertig ist das kulinarische Erlebnis, wenngleich es da von Fischverkauf zu Fischverkauf mitunter deutliche Unterschiede gibt. Wo die guten Fischbrötchen zu kaufen sind, werden Sie aber schnell herausbekommen. Klassiker sind die mit Matjes, Bismarckhering oder Makrele belegten Brötchen, aber auch Aal, Lachs, Nordseekrabben, Lachsforelle sowie Fischburger oder als warmes Fischbrötchen mit Backfisch finden sich im Angebot. Selten geworden ist die Schiller-

locke, geräucherte Bauchlappen des Dornhais. Das ist wohl auch gut so, denn der Dornhai gilt als gefährdete Fischart und zudem enthalten die Schillerlocken ungesund hohe Mengen an Methylquecksilber. Seit 2011 wird an jedem ersten Samstag im Mai der Welt-Fischbrötchentag an der Ostseeküste in Schleswig-Holstein und Mecklenburg-Vorpommern zelebriert.

Weltfischbrötchentag
www.ostsee-schleswig-holstein.de/weltfischbroetchentag.html

6 **Entdecken**
Ostseeküste Hohwacht bis Lübeck

Von Rotschenkel, Regenpfeifer und Rotmilan – Ostsee-Vogelbeobachtungen

Für Vogelbeobachter ist die Ostseeküste ein schönes Beobachtungsgebiet. Sowohl während der Zugzeit als auch während der Brutzeit lässt sich auf der Ostsee, den Strandseen und Förden sowie in den anliegenden Schutzgebieten mancher gefiederte Zweibeiner beobachten. In den Flachwasserbereichen der Förden halten sich gerne verschiedene Tauchenten, Eiderenten, aber auch Taucher auf; Graugänse und Singschwäne sitzen gern auf den Feldern. Watvögel wie Austernfischer, Rotschenkel, Säbelschnäbler brüten in den Küstenlebensräumen, zur

Zugzeit sind große Schwärme verschiedener Arten unterwegs. Möwen, Seeschwalben, Kormorane und verschiedene Gänsearten kommen vor, aber auch Seeadler, Rohrweihe und Rotmilan fliegen gelegentlich auf ihrer Nahrungssuche vorbei. Von den Naturschutzverbänden der Region, wie dem Naturschutzbund Deutschland (NABU) und dem BUND werden in den Ostsee-Schutzgebieten regelmäßig vogelkundliche Führungen angeboten. Besonderes Highlight für Ornithologen ist zur Vogelzugzeit im Frühjahr und Herbst die Insel Fehmarn, wenn Millionen von Vögeln aus dem Norden in den Süden und umgekehrt über die sogenannte Vogelfluglinie der Insel Fehmarn ziehen.

Vogelbeobachtungen an der Ostsee
www.schleswig-holstein.nabu.de
www.bund.net

7 Entdecken

Holsteinische Schweiz und Ostseeküste

Zu Besuch in Parks und Gärten der Region

Für Gartenfreunde gibt es an der Ostsee zwischen Kiel und Lübeck und im Binnenland diverse Parks und Gärten, die es zu entdecken gilt. Da sind beispielsweise der Eutiner Schloß- und Küchengarten, der Kurpark in Malente, der Apfel-, Apotheker- und Schlossgarten in Plön, der Garten von Gut Weißenhaus, der historische Rosengarten am Oldenburger Wallmuseum, die Gärten im Landwirtschaftsmuseum Lensahn, der Klosterpark Cismar, die alte Gutsgärtnerei Sierhagen sowie die Kurparks und Promenadenanlagen der Seebäder. Seit rund 20 Jahren gibt es die Aktion „Offener Garten", bei der Privatgärten ihre Pforten am Tag des Offenen Gartens für Besucher öffnen. Manche haben weitere Termine, zu denen sie ihren Garten Interessierten vorstellen oder sie führen Besucher auf Anfrage durch ihr kleines Reich. Garten-Veranstaltungen aller Art, die in der Holsteinischen Schweiz stattfinden, sind auf der entsprechenden Internetseite der Tourismuszentrale Holsteinische Schweiz aufgeführt.

Parks und Gärten
www.offenergarten.de
www.holsteinischeschweiz.de/garten-querbeet

Erleben und Genießen
Plön bis Neustadt

Das große sommerliche Musikfestival im Norden

Das 1986 gegründete Schleswig-Holstein Musik Festival (SHMF) ist eines der größten Flächenfestivals der Welt. Jedes Jahr finden hochklassige Konzerte und Veranstaltungen in ganz Schleswig-Holstein und in angrenzenden Regionen statt. Neben Konzerthallen und Kirchen gibt es auch immer wieder Konzerte an ungewöhnlichen, aber stimmungsvollen Spielorten wie Herrenhäusern, Scheunen, Ställen oder alten Industriehallen. Beliebt sind auch die Musikdarbietungen in Parks, die oft mit einem Picknick verbunden werden. Der Schwerpunkt liegt auf der klassischen Musik, aber auch Jazz, Pop, Comedy und Lesungen finden sich im Programm. Die Talentförderung von Nachwuchskünstlern und musikpädagogische Angebote gehören ebenso zum Festival wie der Festivalchor und das Festivalorchester. Spielorte zwischen Hohwachter Bucht und Neustadt sind beispielsweise: in der Nicolaikirche und im Schloss Plön, in der Alten Reithalle von Gut Kletkamp, in Wangels und Weißenhäuser Strand (Open Air), auf Hof Johannisburg und in der Nicolaikirche in Burg auf Fehmarn, in der St.-Michaelis-Kirche Eutin, in der St.-Cyriacus Kirche in Kellenhusen, in Neustadt (ancora Marina) und auf Gut Hasselburg.

Stiftung Schleswig-Holstein Musik Festival (SHMF)
Einsiedelstrasse 6
23554 Lübeck
Tel.: 0451 38 95 70
Kartenverkauf: 0431 23 70 70
(ab März)
www.shmf.de

9 Erleben

Heiligenhafen bis Fehmarn

Frischer Fisch direkt vom Kutter

Frischer Fisch ist eine der kulinarischen Spezialitäten, wenn man in Ostseenähe unterwegs ist. Neben ausgezeichneten Fisch-Restaurants und Fisch-Imbissen kann man den Fisch in Räuchereien und Fischläden auch frisch für die Selbstzubereitung erwerben. Schön ist es, wenn man Aal, Dorsch, Lachsforelle, Makrele, Hering oder einen der Plattfische wie Butt, Scholle, Kliesche oder Flunder ganz frisch und direkt vom Fischkutter bekommen kann. So kann man in den Häfen von Großenbrode, Heiligenhafen oder auf Fehmarn den Fisch direkt vom Kutter kaufen. Wer gern einen Fisch aus dem Süßwasser zubereitet, kann in der Fischzucht Reese in Bellin am Selenter See fündig werden. Und wer selbst sein Glück versuchen möchte, startet beispielsweise von Heiligenhafen oder Burgstaaken auf Fehmarn zu einer kleinen Hochsee-Angeltour.

Fisch vom Kutter

www.fischvomkutter.de
www.fischerleben-schleswig-holstein.de/fisch-kaufen/direktverkauf
www.meeresangeln-sh.de

10 Entdecken und Genießen

Holsteinische Schweiz und Ostseeküste

Gut Einkehren auf dem Lande

Landgasthöfe und kleine Dorf-Cafés sind aus vielen Dörfern verschwunden, weil es schwierig geworden ist, auf dem Lande genügend Gäste in die gastronomischen Betriebe zu bekommen. Der Trend hat sich ein wenig umgekehrt und es entstehen, manchmal mit Förderung oder Beratung durch die Landwirtschaftskammer, neue Bauernhofcafés und Hofläden. Der Klassiker der Landwirtschaftskammer, eine Broschüre mit der Übersicht der ländlichen Cafés und Bauernhofcafés in Schleswig-Holstein erscheint jährlich. Besuchen Sie einmal Lunaus Hofcafé und Hofladen in Kabelhorst, das Hofcafé Bisdorf oder das Hofcafé Klausdorf & Hofladen auf Fehmarn, das Hofcafé Radlandsichten in Malente-Gremsmühlen, das Weingut Ingenhof in Malkwitz, den Landgasthof Kasch in Timmdorf bei Malente, das Buchwald-Café

Orchidee in Malente Krummsee, das Landcafé Engelau in Engelau bei Lütjenburg, das Bauernhofcafé am Dodauer Forst sowie Brooks Café Achter de Mur in Bosau!

Land- und Hofcafés
Landwirtschaftskammer
Schleswig-Holstein
Grüner Kamp 15-17
24768 Rendsburg
T. 04331 945 32 23
www.lksh.de

11 **Erleben**
Hohwacht bis Travemünde

Maritime Landmarken an der Ostseeküste – Die Leuchttürme

Was wären die Küsten ohne Leuchttürme? Es sind nicht nur technische Einrichtungen, sondern auch Symbole für Weite und maritime Freiheit, bieten Sicherheit und Beständigkeit und weisen den Seeleuten den Weg. Viele Leuchttürme ereilt heute das Schicksal, dass sie gelöscht werden, weil ihr wegweisendes Licht nicht mehr benötigt wird. Oft werden sie dann denkmalgeschützt einer neuen Funktion als touristischer Aussichtspunkt, als Museum oder Restaurant zugeführt. Zwischen Fehmarn und Travemünde begegnen uns eine Reihe von Orientierungs-,

Richt-, Unter- und Molenfeuern: Bei Behrensdorf steht der Leuchtturm Neuland und bei Heiligenhafen stehen ein Leitfeuer und ein Warnfeuer der Bundesmarine. Auf Fehmarn befinden sich allein acht Orientierungsfeuer und kleinere Lichter, wie u. a. die Leuchttürme von Flügge, Westermarkelsdorf, Marienleuchte und Staberhuk. Hinzu kommen in der Lübecker Bucht das Seefeuer bei Dahmeshöved und das Orientierungsfeuer bei Pelzerhaken. In der Travemündung stehen neben dem seit 1972 erloschenen Alten Leuchtturm ein Orientierungsfeuer auf dem Maritim Hochhaus sowie ein Molen- und Orientierungsfeuer an der Hafeneinfahrt.

Leuchttürme
www.leuchtturm-atlas.de/regOsh.html

12 Erleben und Genießen

Hohwachter Bucht, Fehmarn und Lübecker Bucht

Weiße Strände und blaues Meer

Das Badeerlebnis im Meer gehört zu einem Ostseeurlaub für die meisten, vor allem wenn Kinder dabei sind, unbedingt dazu. Von Hohwacht bis Heiligenhafen und auf Fehmarn gibt es zahlreiche Möglichkeiten für ein Bad in der Ostsee und von

Großenbrode bis Travemünde zieht sich fast ein einziger endloser Strand hin. Die Badewasserqualität der Ostsee gilt als sehr gut, wie auch die der Badestellen im Binnenland. Alle 339 Badestellen im Lande werden während der Badesaison, die vom 01.Juni bis zum 15.September geht, regelmäßig überwacht und die Messdaten werden veröffentlicht. An den Hauptstränden sorgen Rettungsschwimmer der Deutschen Lebensrettungs-Gesellschaft (DLRG) für die Sicherheit. Eine rot/gelbe Fahne heißt Baden ist möglich, eine zusätzliche gelbe Fahne bedeutet, das Baden ist für ungeübte Schwimmer eingeschränkt und eine Rote Fahne signalisiert ein Badeverbot. An den Stränden der Ostsee gibt es reichlich Bademöglichkeiten für jeden Geschmack, vom feinsandigen Strand mit reichlich Infrastruktur bis zum abgelegenen, einsamen Geröllstrand am Fuße eines bewaldeten Steilufers ist alles dabei. Neben FKK- und Textil-Stränden

gibt es kinderfreundliche, solche mit Sport- und Aktionsangeboten, mit barrierefreiem Zugang oder Strände, an denen auch Hunde ins Wasser dürfen.

Ostsee-Baden und Strandleben

www.bsh.de/DE/DATEN/Baden_und_Meer/baden_und_meer_node.html

www.ostsee-schleswig-holstein.de/strandfinder.html

13 **Erleben**

Ostseeküste und Binnengewässer

Aktivität, Fitness und Sport auf dem Wasser

Baden und Schwimmen auf der Ostsee, an den Seen und in Badehallen ist schon der erste Wassersport. Viele verbinden die Ostsee mit Segeln auf den Förden, in den Buchten und Binnengewässern. Bootsverleihe und die Möglichkeit, Kurse und Segelscheine zu machen, gibt es viele an der Ostsee und im Binnenland. Desgleichen gilt für Surfen und Kitesurfen, die ja inzwischen zu den Wassersport-Klassikern gehören. Relativ neu ist das Stand-Up-Paddling (SUP), wo man stehend auf einem Brett über das Wasser paddelt. Kanu- und Kajakfahren gehen auch auf der Ostsee, werden aber eher auf den Flüssen und Binnenseen praktiziert. Ausflugsfahrten und kleine Runden mit dem Tret- oder Ruderboot fallen wohl eher in die Rubrik kleine Ausfahrtstour denn unter Wassersport. Wasserski und Wakeboarding, Tauchen und auch Angeln gehören hingegen wieder zu den auf den Binnengewässern und an der Ostsee praktizierten Sportarten.

Wassersport
www.ostsee-schleswig-holstein.de/wassersport.html

14 **Erleben**
Hohwachter und Lübecker Bucht

Volles Ferienprogramm für Kinder
Möglichkeiten mit Kindern etwas zu unternehmen und zu erleben, gibt es reichlich an der Ostsee und dem nahen Binnenland. Strandleben, Binnengewässer und tropische Badeparadiese können schon ein Tage füllendes Programm sein. Aber auch Wassersport, Klettergärten, Spielplätze und Abenteuertouren ergänzen das Angebot. Bei schlechtem Wetter kann man die Indoor-Spielwelten, Kind gerechte Museen oder Erlebnisparks besuchen wie den Hansa-Park in Sierksdorf, den Karls-Erlebnis-Hof in Warnsdorf oder Fillippos Erlebnisgarten in Blekendorf. Auch Kinos, Theater, Freizeitparks und Festivals, wie die Travemünder Woche oder die Piraten-Tage haben immer viel für Kinder und Familien im Angebot. Übernachten kann zum Abenteuer werden oder mal was anderes sein, wenn man zeltet, im Schlafstrandkorb übernachtet

oder Heuherbergen aufsucht. Schiffstouren, Ausflüge, Reiten, Rad- und Wandertouren sind ebenfalls attraktive Aktivitäten, die fast überall möglich sind. Und notfalls geht es mal zur Belohnung in die Lübecker Marzipanwelten oder zum Eisladen um die Ecke. Langeweile sollte eigentlich für Kinder und Eltern an der Ostsee nicht aufkommen.

Ferien für Kinder und Familien
www.ostsee-schleswig-holstein.de/ausflugstipps-und-erlebnisse-fuer-familien.html

15 **Entdecken**
Hohwacht, Holsteinische Schweiz bis Fehmarn

Von Schottischen Rindern, Wildpferden und Auerochsen

Wenn Sie in Schleswig-Holstein unterwegs sind, werden Ihnen auf vielen Weiden besondere Nutztierrassen auffallen. Zum Beispiel die hornlosen, zotteligen Galloways oder die hellbraunen Schottischen Highlandrinder mit ihren langen, gebogenen Hörnern. Sie sind alle überwiegend in der Landschaftspflege für die Stiftung Naturschutz

Schleswig-Holstein tätig. Sie beweiden ganzjährig extensiv die Naturschutzflächen und sorgen für ein vielfältiges Landschaftsbild und eine artenreiche Flora und Fauna. Das Fleisch der Tiere von den ungedüngten und ungespritzten Flächen ist sehr begehrt und wird von den Landwirten vermarktet. Bisweilen findet man neben anderen Rinderrassen auch Auerochsen mit ausladenden Hörnern und einem weißen Flotzmaul, eine Rückzüchtung der Brüder Heck, die deshalb auch als Heckrinder bezeichnet werden. Konik-Wildpferde und Exmoorponys, in manchen Gebieten auch Schafe und Ziegen, unterstützen die Naturschützer ebenfalls bei ihren landschaftspflegerischen Arbeiten.

Wilde Weiden
www.stiftungsland.de/was-wir-tun/entwicklungshelfer/wilden-weiden-im-stiftungsland

16 Genießen

Hohwacht bis Fehmarn und Lübeck

Schleswig-Holstein kulinarisch

Fisch in allen Variationen, vom Fischbrötchen auf die Hand bis zum noblen Sternerestaurant, gehört zu den Spezialitäten Schleswig-Holsteins. Zum selber zubereiten werden die Meerestiere gern direkt vom Kutter oder aus den Räuchereien der Region besorgt. Aalsuppe, Pannfisch und Labskaus mit Matjes gehören zu den Spezialitäten; Kieler Sprotten sind ein beliebtes Mitbringsel. Holsteiner Schinken oder das Fleisch der Robustrinder von den Extensivweiden werden vielerorts angeboten. Obst und Gemüse, auch zum selber ernten auf den Feldern, oder als Marmelade und Brände, sind ebenso beliebt wie das in den kleinen Brauereien gebraute Bier. Seit einigen Jahren entwickelt sich Schleswig-Holstein auch zu einem Weinanbaugebiet. Spezialgerichte der schleswig-holsteinischen Küche sind beispielsweise: Birnen, Bohnen und Speck, Schwarzsauer, die Fliederbeersuppe (aus Holunderbeeren), Buttermilchsuppe oder Rote Grütze, ein cremiger Nachtisch aus verschiedenen, sommerlichen Beeren.

Schleswig-Holsteiner Spezialitäten
www.deutsche-delikatessen.de/lexikon/schleswig-holstein-lexikon

17 Entdecken

Hohwachter Bucht bis Fehmarn

Erholung, Entspannung und Gesundheit an der Ostsee

Frische Luft und salzige Brise fördern schon allein die Gesundheit, noch besser, wenn außerdem Bewegung in die Sache kommt: Lange Strandspaziergänge, Jogging, Nordic Walking, Fitness-Parcours, Radfahren und Wandern an der Ostsee und im Binnenland sind einige der zahlreichen Möglichkeiten Urlaubs-Aktivitäten zu entwickeln. Freizeitbäder und Thermen, Sauna, Massage, Yoga und das reichliche Angebot der Wellness-Hotels und Thalasso-Zentren mit SPA-Bereichen bieten vielfältige Erholungs- und Entspannungsmöglichkeiten. Über Kuren, Heilbäder und Therapieformen informiert der Heilbäderverband Schleswig-Holstein, der die landesweite Koordinationsstelle rund um das Thema Gesundheitstourismus darstellt.
www.heilbaederverband-sh.de
www.ostsee-schleswig-holstein.de/wellness-angebote.html

18 **Entdecken**
Hohwacht bis Kellenhusen und Fehmarn

Die informative Strandwanderung

Strandwanderungen gehören zu den besonderen Erlebnissen und erholsamen Episoden eines Ostsee-Urlaubes. Und während man an der Wassserkante entlang flaniert, kann man manch interessantes Objekt im Angespül entdecken: Von der kleinen Muschel- oder Schneckenschale, über Seesterne, Quallen, Rotalgen und Krebspanzer bis hin zum Hornhechtskelett und angeschwemmten Schweinswal vermag alles dabei zu sein. Wer nicht genau weiß, was er gefunden hat, kann sich an den Baltic Explorer (oder das Schwesterportal BeachExplorer) der Schutzstation Wattenmeer im Internet wenden. Dort gibt es Bestimmungshilfen für Vögel, Fische, Schalentiere, Insekten, Pflanzen, Würmer und sogar für Steine, Loch- und Röhrenstrukturen, Müll und seltsame Dinge. Den Beach Explorer gibt es zudem als kostenlose App, so dass sich die Funde gleich vor Ort spezifizieren lassen und sie können auch gemeldet werden. Bei besonderen oder unklaren Funden kann der Strandwanderer sich auch direkt an das Expertenteam der Schutzstation Wattenmeer wenden.

Strandfund-Bestimmung
www.balticexplorer.org
www.beachexplorer.org

Ausflüge in die Umgebung

1 Erleben
Schönberger Strand

Mit der Dampflokomotive oder der historischen Straßenbahn durch die Probstei

Für Eisenbahnfreunde, Technik- und Geschichts-Interessierte gehört der Besuch der Museumsbahn Schönberger Strand zum Pflichtprogramm. Für alle anderen ist es ein schönes und besonderes Erlebnis, eine Fahrt mit der Dampf- oder alten Diesellok oder der historischen Straßenbahn zu unternehmen. Besichtigen kann man auf dem Museumsgelände auch einige Lokomotiven und Waggons, das alte Bahnhofsgebäude, die Werkstatt- und Wagenhalle, Signale, Fahrkartenschalter usw. Regelmäßig verkehren die historischen Lokomotiven, die zum Teil über 100 Jahre alt sind, von Schönberger Strand nach Schönberg; an manchen Tagen geht es auch bis nach Probsteierhagen oder zum Kieler Hauptbahnhof. Eine Runde in einer der über 30 alten Straßenbahnfahrzeuge ist ebenso eine schöne Erinnerung an längst vergangene Zeiten. Die gemeinnützig und ehrenamtlich tätigen Mitglieder des Vereins Verkehrsamateure und Museumsbahn e. V. (VVM) bemühen sich sehr erfolgreich um die Bewahrung der Geschichte des Nah- und Regionalverkehrs in Norddeutschland. Die Anfänge in Schönberger Strand gehen auf das Jahr 1976 zurück, als die erste Museumsbahn dort über das Gelände rollte.

Museumsbahnhof Schönberger Strand
Am Schierbek 1
24217 Schönberg
T. 04344 23 23 u. 0431 54 58 241
www.vvm-museumsbahn.de

2 Entdecken
Probsteierhagen

Schloss, Schlosspark und Irrgarten

Das eindrucksvolle, renovierte Anwesen des Schlosses Hagen wurde 1649 von Hinrich und Lucia Blome erbaut und hat seither einige bauliche Änderungen erfahren. 1932 hat die Gemeinde Probsteierhagen das Schloss übernommen und seit 1969 ist das denkmalgeschützte Gebäude das Kulturzentrum der Gemeinde. Zudem können die Räumlichkeiten für Hochzeiten,

Tagungen, Veranstaltungen und Feste gemietet werden. Gut besucht sind der alljährliche Frühjahrs-, Sommer-, Herbst- und Bauernmarkt sowie der Weihnachtsmarkt auf Schloss Hagen. Der anliegende 4,5 ha große Schlosspark lädt ebenso wie der historische Pfad durch den Ort mit 22 Stationen zu einem kleinen Rundgang ein. Das Ausflugslokal Irrgarten im Ort ist bereits seit mehreren Generationen in Familienbesitz und auch der 2.000 qm große Irrgarten ist schon über 80 Jahre alt. Es bleibt zu hoffen, dass Sie den Turm in der Mitte des Hecken-Labyrinths erreichen und auch wieder hinausfinden (Faden mitlaufen lassen oder Steine streuen!). Das Restaurant bietet regionale Spezialitäten wie Aal in Sauer, Entenkeule oder Sauerfleisch an.

Schloss Hagen
Schloßstraße 16
24253 Probsteierhagen
T. 04348 918 88
www.schloss-hagen.de

Irrgarten
Alte Dorfstraße 100
24253 Probsteierhagen
T. 04348 230
www.irrgarten.biz

3 **Entdecken**
Laboe

Strandparadies an der Kieler Förde

Der Ort Laboe, am östlichen Ende der Kieler Förde gelegen, ist vor allem im Sommer beliebter Anlaufpunkt für alle Badebegeisterten. Hier gibt es den feinsten Sandstrand weit und breit und einen großen stehtiefen Sandbankbereich im Wasser. Die Sandbank ist auch der Grund, warum im Sommer bei dem geringsten Anzeichen von Wind unzählige bunte Surfkites den Himmel bedecken. Das Surfgebiet liegt im östlichen Teil des Strandes direkt vor dem Museums-U-Boot U995, welches besichtigt werden kann, sowie dem weithin sichtbaren Marineehrenmal, das eine Ausstellung rund um das Thema Seefahrt und einen grandiosen Blick über die Ostsee aus 70 Metern Höhe bietet. Einen Besuch wert ist außerdem die unweit des Ehrenmals in den Dünen gelegene Meeresbiologische Station, wo man alles rund um den Lebensraum Ostsee und seine Bewohner erfahren kann. Diese Gelegenheit bietet sich auch bei einer Fahrt vom Laboer Hafen mit der M/S Sagitta durch die Förde. Dabei werden mit einem kleinen Netz Fische, Krebse und Meeresschnecken an Bord geholt und eingehend erläutert und in Augenschein genommen, bevor sie zurück ins Meer kommen.

Tourist-Information Laboe
Börn 2
24235 Laboe
T. 04343 42 75 50
www.laboe.de

4 Genießen
Lutterbek

Kunst, Kultur, Kulinarik und Unterhaltung in Lutterbek

Das Lutterbeker, gelegen in der Probstei zwischen Ostsee und Probsteierhagen, ist seit über 40 Jahren eine kulturelle Institution. Kneipe, Küche, Kunst, Musik, Theater, Studio, Appartements, Laden und Fotografie sind Stichworte, die wichtige Aspekte vom Lutterbeker beschreiben. Im Musik-, Theater-, Kabaret- und sonstigem Veranstaltungsprogramm gibt es kaum etwas, was noch nicht vertreten war. Im Restaurant mit Terrasse und Wintergarten für die Übergangszeit gibt es Fleisch-, Fisch-, Nudel- und Gemüsegerichte, Vollkornpizzas und Anderes für den kleinen und großen Hunger. Es gibt eine Galerie, Veranstaltungsräume, Appartements und einen Laden mit Raritäten aus aller Welt. Wer noch mehr wissen will, schaut sich den Film an oder beschafft sich eines der Bücher über das Lutterbeker oder besucht einfach einmal selbst diese Kultureinrichtung an der nahen Ostseeküste.

Lutterbeker Gastronomie, Audio- und Video-Studio GmbH
Dorfstraße 11
24235 Lutterbek
T. 04343 94 42
www.lutterbeker.de

5 Entdecken
Kiel

Landeshauptstadt und Tor nach Skandinavien

Die Landeshauptstadt Kiel geizt nicht mit Attraktionen und so kann man für einen Tagesausflug natürlich nur einen Bruchteil der Sehenswürdigkeiten abklappern, andererseits aber auch einen ganzen Urlaub hier verbringen. Das Stadtbild ist geprägt von der Ostsee und natürlich primär der Kieler Förde, die das Herz der Innenstadt bildet. Direkt im

Stadtzentrum legen die Fähren nach Oslo, Göteborg oder Klaipeda ab, bei einem Spaziergang vom Bahnhof über die „Kiellinie" immer am Wasser entlang gilt es viel zu entdecken und es gibt unzählige Einkehrmöglichkeiten. Für Interessierte egal welcher Fachrichtung hält Kiel garantiert das passende Museum bereit, vom Maschinenmuseum, über die weithin renommierte Kunsthalle, das Schifffahrtsmuseum, Computermuseum, Mediendom bis hin zum Zoologischen Museum, um nur einige wenige zu nennen. Die Gastronomieszene in Kiel hat sich in den letzten Jahren stark weiterentwickelt und diversifiziert. Unzählige, auch internationale, sehr gute Restaurants, Bars und Cafés suchen in Vielfalt und Dichte Ihresgleichen.

Tourist-Information Kiel
www.kiel-sailing-city.de

Entdecken
Preetz

Schuhmacher prägten einst die Stadt
Auch wenn bisweilen andere Handwerke in Preetz bedeutend waren, so ist die größte Stadt im Kreis Plön doch die Schuster stadt. Zur Mitte des 19. Jahrhunderts arbeiteten 160 selbstständige Schuhmachermeister, 360 Gesellen und 160 Lehrlinge in Preetz, bei knapp 5.000 Einwohnern zu der Zeit. Das Heimatmuseum, in einem großbürgerlichen Haus aus dem 19. Jahrhundert untergebracht, hat neben der Archäologie, Preetzer Keramik und Schmuck vor allem das Schusterhandwerk zum Inhalt. Ein Holzschuhmuseum wurde 2008 eröffnet und zwei Denkmäler befassen sich mit dem Beruf: der Preetzer Schusterjunge auf dem Feldmannsplatz und das Schusterdenkmal mit Hund auf dem Marktplatz. Und das große Stadtfest in Preetz ist natürlich das Schusterfest. Weitere wichtige Sehenswürdigkeiten

sind die Preetzer Stadtkirche von 1210 und das Adelige Kloster Preetz mit der eindrucksvollen Klosterkirche aus den Jahren 1330/31..

Schusterstadt Preetz
www.preetzer-holzschuhe.de
www.museum-preetz.de
www.preetz.de

7 Genießen
Bissee

Ehemaliger Kuhstall und Pferdestall werden zum Restaurant und zum Antiquitätenladen

Bereits seit 1973 kann man in dem ca. 20 km südlich von Kiel gelegenen Ort Bissee und dem gleichnamigen Antik-Hof gut einkehren. In dem ehemaligen Kuhstall des Bauernhofes, wo meist ein gemütliches Kaminfeuer lodert, wurde das Restaurant eingerichtet, das heute eine gehobene schleswig-holsteinische Küche bietet. Im Bistro-Café kann man bei schönem Wetter schattig unter Bäumen im Freien sitzen und im Gartenhaus nach neuen Rosen für den eigenen Garten Ausschau halten. Der Hofladen bietet regionale Produkte und eine gute Auswahl unterschiedlicher Weine. Der

Antiquitätenhandel Russ-Einrichtungen hat Tische, Stühle, Wohnaccessoires und Leuchten im Angebot. Es werden auch maßangefertigte Möbelstücke hergestellt. Das Restaurant war eines der Gründungsmitglieder von Feinheimisch, das sich für eine handwerkliche Speisenherstellung und die Verwendung umweltfreundlich hergestellter und gesunder Zutaten einsetzt. Um das Restaurant stehen von Mai bis Oktober um die 20 bis 30 Skulpturen und künstlerische Arbeiten in der Landschaft. Bereits seit über 20 Jahren organisiert ein Verein den Bisseer Skulpturensommer.

Antik-Hof Bissee
Eiderstraße 13
24582 Bissee
T. 04322 25 00
www.antikhof-bissee.de

Skulptur in Bissee e. V.
Eiderstraße 13
24582 Bissee
T. 04322 33 60
www.skulptur-in-bissee.de

8

Entdecken
Brügge

Zu Besuch bei Tyrannosaurus rex und anderen Gestalten der Urzeit

Erdgeschichte zum Anfassen und Erleben, das ist das Motto des Museums Tor zur Urzeit. Ein gemeinnütziger Verein ist Träger des 2009 gegründeten Museums, das Dinosaurier, wie Tyrannosaurus rex und andere lebensgroß darstellt. Es informiert über die Menschen im Eiszeitalter mit ihren Rentierlagern und einem Mammutskelett, aber auch die Ursachen der Eiszeiten und Klimaänderungen werden thematisiert. Mythologische Figuren wie Drachen, Einhörner und Seeschlangen befinden sich auch in der Ausstellung. Ein buntes Programm an Veranstaltungen und Aktionen ergänzt das Ausstellungsprogramm: Fossilien gießen, Klimawandel, Klimaschutz und Energie sparen, Steinzeitmalerei, Exkursionen in die Kiesgrube mit Fossiliensuche und Stein- und Fossilienbörsen sind nur einige der Beispiele.

Tor zur Urzeit
Dorfstraße 4
24582 Brügge
T. 04322 75 25 95
www.torzururzeit.de

Entdecken
Neumünster

Das Manchester Holsteins – Industrielle Tuchherstellung in Neumünster

Wärmende Kleidung war für die Menschen, seitdem das Fell weniger und weniger wurde, schon immer sehr wichtig und die Tuchherstellung ist ein uraltes Handwerk, dessen Geschichte von den Anfängen bis heute im Textil-Museum in Neumünster präsentiert wird. Seit 2007 befindet sich das Museum auf einer Fläche von 2.000 qm am Stand ort im Stadtzentrum. Es beginnt mit der frühgeschichtlichen Tuchherstellung und geht über das Mittelalter bis zur industrialisierten Herstellung von Stoffen. In Neumünster findet seit fast 1500 Jahren Tuchherstellung statt und die Geschichte der Textilverarbeitung ist eng mit der Geschichte der Stadt verbunden, wie das Museum zeigt. Industrielle Textilmaschinen sind ebenso zu sehen wie alte Webstühle. Wechselausstellungen, Kurse und Unterrichtsreihen finden regelmäßig statt.

Museum Tuch + Technik
Kleinflecken 1
24534 Neumünster
T. 04321 55 95 80
www.tuch-und-technik.de
Di–Fr 09–17, Sa, So 10–17 Uhr

10 Erleben

Trappenkamp

Lehrreicher Waldspielplatz

Im 1973 eröffneten Erlebniswald Trappenkamp, östlich von Neumünster gelegen, steht, wie es der Name vermuten lässt, das Walderlebnis im Vordergrund. Das über 200 Hektar große Gelände erstreckt sich über Wald- und Freiflächen und bietet Tiergehege, Lehrpfade, Sportanlagen für Kinder und unzählige Infostationen. Zentrales Element der Anlage ist ein großes Areal mit Spielgeräten für Kinder. Hier können die jungen Besucher klettern, spielerische Sportarten ausprobieren oder sich zum Beispiel im Weitsprung mit den Tieren des Waldes messen. Großer Beliebtheit erfreuen sich auch der Nachbau eines Wild-West-Forts und ein großer Hochseilgarten. Falknervorführungen gehören ebenso zum täglichen Programm wie die Fütterung der Wildschweine und des Damwildes – eine ideale Gelegenheit, um die Tiere aus der Nähe zu beobachten. Ausstellungsgebäude, wo tiefergehende Informationen rund um den Wald aufgearbeitet werden, mit Restaurant und Café runden das tagesfüllende Angebot ab.

Erlebniswald Trappenkamp
Tannenhof
24635 Daldorf
T. 04328 17 04 80
www.erlebniswald-trappenkamp.de
tgl. 11–19 Uhr (Einlass bis 17 Uhr)

11 Entdecken

Bad Segeberg

Fledermäuse und Indianer an Schleswig-Holsteins bekanntestem Berg

Der Segeberger Kalkberg ist eine ungewöhnliche Erscheinung in Norddeutschland. Im Laufe von Jahrmillionen entstanden, bietet er heute unzähligen Fledermäusen Unterschlupf, den Karl-May-Festspielen eine imposante Kulisse und aus 91 Metern Höhe eine tolle Aussicht über die Stadt und den nahegelegenen Großen Segeberger See. In den Sommermonaten, wenn die nachtaktiven Fledermäuse nur tagsüber die verzweigten Höhlensysteme unter dem Kalkberg aufsuchen, kann man einen Teil der Gänge und Grotten im Rahmen einer Führung besichtigen. Unweit des Eingangs zur Höhle befindet sich die Ausstellung „Noctalis – Welt der Fledermäuse“, die über Verhalten und Lebensweise dieser Tiere, die besondere Bedeutung der Kalkberghöhle und die hier anzutreffenden Arten informiert. Ein faszinierendes

Highlight der Ausstellung ist das sogenannte Noctarium, wo man einige Fledermausarten hautnah erleben und bei ihren Flugmanövern oder der Nahrungsaufnahme beobachten kann. Wer nach Besuch des Kalkbergs und der Ausstellung noch Zeit und Lust hat, dem sei die Wanderung um den Großen Segeberger See empfohlen. Auf einem kleinen Pfad geht es überwiegend direkt am bewaldeten Ufer entlang. Für die etwa 10 Kilometer lange Strecke sollte man zwei Stunden einplanen. Etwa auf halber Strecke bietet sich das Restaurant „Zum Klüthsee" für eine Pause an.

Tourist-Information Bad Segeberg
Stadt Bad Segeberg
Lübecker Straße 9
23795 Bad Segeberg
T. 04551 96 40
www.bad-segeberg.de/Tourismus-Kultur/Tourismus

12 Entdecken und Erleben
Lübeck

Die Königin der Hanse

Ein Ausflug nach Lübeck gehört fast zum Pflichtprogramm und ein Tagesbesuch könnte knapp sein, vermittelt aber einen Eindruck von dem alten Hansezentrum und der heutigen UNESCO-Welterbestadt. Alte Gemäuer und stimmungsvolle Gänge und Höfe gibt es reichlich. Nicht nur das bekannte Holstentor, sondern auch die mittelalterlichen gotischen Hauptkirchen, Klöster, Hospitäler, das Rathaus und alte Bürgerhäuser sind zu besichtigen. Allein die Museen bieten Stoff für diverse Tagesbesichtigungen vom neuen Europäischen Hansemuseum bis zum Museum für Natur und Umwelt und zu den Häusern der mit der Stadt verbundenen Nobelpreisträger Thomas Mann, Willy Brandt und Günther Grass. Lassen Sie sich durch die Gassen treiben, setzen sich an eines der zahlreichen Ufer, besuchen den Museums-

hafen, machen eine Bootstour, gehen einkaufen oder kehren in eines der zahlreichen gastronomischen Einrichtungen ein. In Lübeck finden Sie alles! Das Angebot an Festen, Ausstellungen, Veranstaltungen und Konzerten kann sich ebenfalls sehen lassen und das selbst außerhalb der Saison. Lübeck gilt auch als Weihnachtsstadt. Mehrere stimmungsvolle Weihnachtmärkte in ansprechendem Ambiente finden im Dezember allein in der Altstadt statt. Und da wird nicht nur Lübecker Marzipan verkauft.

Tourist-Information Lübeck
Holstentorplatz 1
23552 Lübeck
T. 0451 88 99 700
www.luebeck-tourismus.de

13 Entdecken
Travemünde

Der Lübecker Ostseezugang an der Travemündung und modernes Seebad

Die schönste Tochter Lübecks ist zweifellos Travemünde. In dem mondänen Seebad kann man gepflegt die Travepromenade auf und ab flanieren und den Blick auf die riesigen Fähren, kleinen Segel- und Fischerboote und Ausflugsschiffe werfen, während die Möwen munter kreischen und auf das frisch erworbene Fischbrötchen schielen. Maritimer geht es kaum! Und der Strand lockt zum Baden, vor allen der auf der Halbinsel Priwall, den man per Fähre problemlos erreicht. Dort kann man sich in der Ostseestation Travemünde auch mit der Unterwasserwelt der Ostsee beschäftigen. Weiterhin sind zu

besichtigen: das Seebadmuseum, die Viermastbark Passat, der älteste Leuchtturm Deutschlands, die St. Lorenz-Kirche und die Alte Vogtei. Schöne Wanderungen sind am Dummersdorfer Ufer, am Südlichen Priwall und natürlich auf dem höchsten Ostseekliff des Landes, dem Brodtener Steilufer möglich. Auf dem Weg nach Niendorf können Sie dann in der Erlebnisgastronomie der Hermannshöhe einkehren und den weiten Blick auf die Ostsee genießen.

Tourist-Information Travemünde
Bertlingstraße 21
23570 Lübeck
T. 0451 88 99 700
www.travemuende-tourismus.de

14 Entdecken
Timmendorfer Strand

Kilometerlanger Strand, Prominenz und Unterwasserwelt

Timmendorfer Strand ist eines der bekanntesten und größten Seebäder. Der kilometerlange Strand zieht sich bis nach Niendorf und die gesamte Lübecker Bucht entlang. Und ist das Wetter mal schlechter, geht es ins nahegelegene Erlebnisbad der Ostsee-Therme Scharbeutz. Timmendorfer Strand gilt nicht nur als Shopping-Paradies, sondern kann auch mit erstklassigen Hotels und einem umfassenden Gastronomieangebot aufwarten. Auf der Promenade oder auf der Terrasse der Cafés hat man die Chance, den einen oder anderen Prominenten zu treffen. Zahlreiche Events, Veranstaltungen und Angebote für die ganze Familie machen das Seebad aber auch zu einem familienfreundlichen Urlaubsziel. Im Sea Life Center lässt sich die Unterwasserwelt der Meere besichtigen, darunter auch die Seepferdchen, die man als Sympathie- und Werbeträger vielerorts in Timmendorfer Strand antrifft. Flanieren durch die Einkaufsstraßen, über die Promenade und auf die beiden Seebrücken des Ortes ist ebenso angesagt wie ein Besuch des Nachbarortes Niendorf, den man gemütlich über eine strandnahe, von Bäumen beschattete Promenade erreicht. Hier gibt es nicht nur einen beschaulichen kleinen Hafen, sondern auch einen besuchenswerten Vogelpark und eine weitere Seebrücke.

Tourist-Information Timmendorfer Strand
Timmendorfer Platz 10
23669 Timmendorfer Strand
T. 04503 35 770
www.timmendorfer-strand.de
Weitere Außenstellen in Niendorf und in der Trinkkurhalle

15 **Erleben**
Sierksdorf

Der Erlebnispark am Meer

Hier können Sie getrost einen ganzen Tag einplanen oder auch mehrere. Es gibt nahegelegene Übernachtungsmöglichkeiten im „Hansa-Park Resort am Meer". Der beliebte und weit über die Region bekannte Erlebnispark blickt auf eine lange Tradition zurück. 1977 wurde ein Park eröffnet, der seit 1987 unter dem Namen Hansa-Park läuft und der seither stets aktualisiert, erneuert und verbessert wird. Fast jährlich kommen bedeutsame neue Attraktionen hinzu, wie beispielsweise der Highlander, der höchste Freifallturm der Welt mit abkippbaren Sitzen. Da kann man schon einmal Fallgeschwindigkeiten bis 120 km/h erreichen. Zahlreiche weitere Attraktionen lassen die Herzen der Kinder jeden Alters und damit auch der Eltern höher schlagen. Neben Achterbahnen, Wasserbahnen und Freifalltürmen gibt es diverse weitere Fahrattraktionen, aber auch Mitmach-Angebote wie Bärenhöhle, Hüpf-Haus, Schwimm-Wackelbrücke, Indoor-Spielewelt, Taucherglocke und Shows. Für das leibliche Wohl sorgen diverse gastronomische Einrichtungen.

Hansa-Park
Am Fahrenkroog 1
23730 Sierksdorf
T. 04563 47 40
www.hansapark.de
März bis Oktober, tgl. ab 9 Uhr

16 **Entdecken**
Neustadt in Holstein

Zwischen Binnenwasser und Ostsee gelegen

Zusammen mit den Ortsteilen Pelzerhaken und Rettin ist Neustadt ein weiteres Glied in der Kette der Ostseebäder der Lübecker Bucht. Schön gelegen an Binnensee und Ostsee war Neustadt schon früh ein bedeutender Standort und vom Reichtum zeugen noch einige der Kaufmannshöfe und Speicher, die nicht durch Stadtbrände vernichtet wurden. Am bekanntesten ist der asiatisch anmutende Pagodenspeicher, in dem sich heute ein italienisches Restaurant befindet. Klüvers Brauhaus, das Café und Bistro Waterkant, Krabbes Restaurant und Miera Mara ergänzen das hafennahe kulinarische Angebot des Ortes. Zu den alten Bauten gehören neben der Stadtkirche und dem Rathaus, das Hospital zum Heiligen Geist, das Brückengeldeinnehmerhaus und das Kremper Tor, in dem sich heute das Stadtmuseum (Zeittor) und das Cap Arcona Museum befinden. Letzteres informiert über eine der größten Schiffskatastrophen, die sich gegen Ende des Zweiten Weltkriegs in der Lübecker Bucht ereignete. Bei einer Wanderung entlang der Binnenwasser- und Hafen-Promenade kann man den Neustädter Kunst-Kilometer erleben, bei dem um die 15 Installationen und Skulpturen den Weg des Wanderers säumen.

Tourist Information Neustadt-Pelzerhaken-Rettin
Tourismus-Agentur
Lübecker Bucht
Dünenweg 7
23739 Neustadt in Holstein
T. 04503 7794180
www.luebecker-bucht-ostsee.de

17 **Entdecken und Erleben**
Grömitz

Meeresstrand und Abenteuer

Hier in Grömitz gibt es angeblich den feinsandigsten Ostseestrand der Küste – und das auf einer Länge von acht Kilometern. Und ist das Wetter mal nicht so grandios, kann man auch das Erlebnis-Meerwasser-Brandungsbad Grömitzer Welle aufsuchen. Ebenso kann man sich einige Kilometer Promenade erwandern und an Einkaufs- und Einkehrmöglichkeiten mangelt es wahrlich nicht. Wer das Abenteuer sucht geht in den Tierpark Arche Noah mit Löwen, Schwarzen Leoparden und anderen Raubtieren, begibt sich am nördlich gelegenen Lensterstrand im Kraxelmaxel-Kletterpark in die dritte Dimension oder taucht mit der am Ende der 400 m langen Seebrücke gelegenen Tauchgondel in die Tiefen der Ostsee ab.

Tourismus-Service Grömitz
Neuer Markt 1
23743 Ostseebad Grömitz
T. 04562 25 60
www.groemitz.de
Weitere Standorte:
Am Seebrückenvorplatz (Kurpromenade 56) und am Lensterstrand (Blankwasserweg 122)

Ostseeküsten Radweg
Von Flensburg bis Travemünde
Hans-Dieter Reinke
David Hugenbusch
Daniel Hugenbusch
196 Seiten mit 83 Abbildungen und 46 Karten
978-3-8319-0717-5

Mit ihren Buchten, Bodden und Inseln bietet die Ostseeküste immer wieder neue Ansichten.
Der erste Band der beiden Radwanderbücher zum Ostseeküstenradweg beschreibt die Strecke von Flensburg bis Travemünde und bietet neben der genauen Wegbeschreibung und detaillierten Karten auch Hinweise auf die Sehenswürdigkeiten entlang der Strecke.

Ostseeküsten Radweg
Von Travemünde bis Usedom
Mit Rügen-Rundtour und Routenkarten
Hans-Dieter Reinke
David Hugenbusch
Daniel Hugenbusch
288 Seiten mit 180 Abbildungen und 78 Karten
978-3-8319-0725-0

Der deutsche Ostseeküsten-Radweg von der dänischen bis zur polnischen Grenze führt an stillen Förden und lebhaften Küstenstädten entlang.
Die Ostseeinseln Fehmarn, Poel, Rügen und Usedom werden ebenso erkundet wie die Küstenorte Flensburg, Eckernförde, Kiel, Wismar, Stralsund und Greifswald oder auch andere etwas abseits der Route gelegene Städte wie Lübeck und Rostock
Die Rad-Wander-Bücher bieten neben genauen Streckenbeschreibungen und detaillierten Karten Hinweise auf die Sehenswürdigkeiten entlang der Strecke.

Schleswig-Holstein für Klookschieter
Alexandra Brosowski
Karin Lubowski
176 Seiten mit 40 Abbildungen
978-3-8319-0668-0

Wer weiß, was ein Plüschmors ist und woher unser Moin kommt? Die Sylter Royal ist keine Adelige, aber was denn dann? Was sind Donnerkeile und Duckdalben? Schwarzsauer und Mehlbüdel sind keine Schimpfwörter und was hat Alfred Nobel in Schleswig-Holstein zu schaffen?
Warum der Klabautermann heißt, wie er heißt?
Schönes, Seltsames, Verblüffendes, Typisches: Im Norden gibt es – für Auswärtige wie für Einheimische – vieles zu erkunden.
Nord- und Ostsee, Wind und weiter Himmel haben Land und Leute, das Miteinander, die Sprache und die Küche geprägt – und gelegentlich zu regionalen Rätseln geformt. Viele Wörter benutzen wir täglich, kennen aber nicht ihre Herkunft. Wer bei den Nordlichtern mithalten will, findet hier viele Erklärungen zu landestypischen Besonderheiten – auf das er zum „Klookschieter“ (plattdeutsch für Besserwisser) werde.

Schleswig-Holstein
Die schönsten Radtouren
Hans-Dieter Reinke
Daniel Hugenbusch
David Hugenbusch
240 Seiten
978-3-8319-0465-5

Radfahren ist nicht nur en vogue, sondern gehört auch zu den beliebtesten Aktivitäten der Urlaubsgäste Schleswig-Holsteins. Das Land hat sich längst auf die Bedürfnisse der Radler eingestellt und bietet radfahrerfreundliche Unterkünfte, Themen-Strecken und Fernradwege, Radverleihstationen und vielfältiges Informationsmaterial. So macht Radfahren Spaß, finden die Autoren dieses Radreiseführers und haben 30 ausgearbeitete Radtouren zusammengestellt, die die Vielfalt der Landschaften und regionalen Besonderheiten abbilden, zu interessanten Sehenswürdigkeiten führen und dazu anregen, Natur und Menschen intensiv kennenzulernen. Karten der Touren, fotografische Eindrücke und Adressangaben sowie Tipps von A-Z runden diesen handlichen Reiseführer ab. Eine Einladung, sich in den Sattel zu schwingen und das Land zwischen den Meeren dort zu erkunden, wo es am schönsten ist.

Schleswig-Holstein
Die schönsten Ausflugsziele
Zeitungsverlag sh:z
Verlag Ellert & Richter
192 Seiten mit 150 Abbildungen
und 2 Karten
978-3-8319-0764-9

In diesem praktischen, mit vielen Tipps und Hinweisen versehenen Ausflugs-Verführer werden von Karin Lubowski , Hans Dieter Reinke, Daniel und David Hugenbusch, Redakteuren des Schleswig-Holsteinischen Zeitungsverlags und der Redaktion des Ellert & Richter Verlags die attraktivsten Tagesziele in Schleswig-Holstein vorgestellt.
Im Fokus stehen zum Beispiel:

- die Seehundstation In Friedrichskoog,
- ein Besuch des Leuchtturms Westerheversand auf Eiderstedt,
- die tiefste Stelle Deutschlands in der Wilstermarsch
- das Nolde-Museum in Seebüll,
- die Halbinsel Holnis an der Flensburger Förde
- der Nord-Ostsee-Kanal
- Fehmarn und seine Künstler
- das Brothener Steilufer
- die Eulenspiegelstadt Mölln

Für jeden ist etwas dabei: für Naturliebhaber und Kunstinteressierte, für Rad- und Fuß-Wanderer, für Genießer und die es werden wollen.

Bildnachweis

Umschlagabbildungen:
Huber Images, Garmisch-Partenkirchen:
o.li (Christian Bäck); m.li. (Sabine Lubenow); u.li. (Christian Bäck); u.re. (Katja Kreder)
Fotolia (Adobe Stock): o.re.

Innenteil:
Alle Abbildungen von Hans-Dieter Reinke, Daniel Hugenbusch, außer

Flora-Café, Fehmarn: S. 21
Fotolia (Adobe Stock): S. 65, 183
Gut Görtz, Heringsdorf: S. 118
Huber Images, Garmisch-Partenkirchen: S. 13, 19, 52 (Christian Bäck), S. 47, 186 (Frank Lukasseck); S. 115, 187 (Günter Gräfenhain)
dpa Picture-Alliance, Frankfurt: S. 142 (Carsten Rehder)
Wikimedia commons: S. 35, 36, 38, 39, 43, 46, 55, 64, 67 l., 73, 81, 86, 88, 92, 93, 104, 107, 109, 111, 123, 132, 137 l., 145, 147, 182

Alle Angabe in diesem Buch wurden gewissenhaft geprüft. Preise, Öffnungszeiten etc. können sich aber schnell ändern. Daher können Autoren und Verlag keine Gewähr für die Richtigkeit übernehmen.

Stand: März 2021

Für Anregungen, Berichtigungen und Ergänzungsvorschläge sind wir dankbar. Bitte senden Sie diese per Email an:
presse@ellert-richter.de

Impressum

Bibliografische Information der Deutschen Nationalbibliothek
Die Deutsche Nationalbibliothek verzeichnet diese Publikation in der Deutschen Nationalbibliografie; detaillierte bibliografische Daten sind im Internet über http://dnb.d-nb.de abrufbar.

ISBN 978-3-8319-0742-7

Texte: Daniel Hugenbusch und Hans-Dieter Reinke
Kartografie: David Hugenbusch;
Grunddaten: (c) OpenStreetMap.org contributors (ODbL); Höhendaten: NASA's SRTM (Public Domain); alle Karten: CC BY-SA 2.0
Gestaltung: BrücknerAping, Büro für Gestaltung GbR, Bremen
Gesamtherstellung: CPI books GmbH, Leck
www.ellert-richter.de
www.facebook.com/EllertRichterVerlag